创富之道

陈开发 / 著

中国出版集团　现代出版社

图书在版编目（CIP）数据

创富之道 / 陈开发著. -- 北京 ： 现代出版社，
2024. 12. -- ISBN 978-7-5231-1224-3

Ⅰ. F713.50

中国国家版本馆CIP数据核字第20248TC306号

创富之道
CHUANGFU ZHIDAO

著　　者	陈开发	

责任编辑	袁　涛
责任印制	贾子珍
出版发行	现代出版社
地　　址	北京市安定门外安华里504号
邮政编码	100011
电　　话	(010) 64267325
传　　真	(010) 64245264
网　　址	www.1980xd.com
印　　刷	北京佳益兴彩印有限公司
开　　本	889mm×1194mm　1/32
印　　张	7.625
字　　数	183千字
版　　次	2025年1月第1版　2025年1月第1次印刷
书　　号	ISBN 978-7-5231-1224-3
定　　价	58.00元

引 文

大家好!

我是书中的小 C, C 总以及 C 老师。

之所以写这本书,是因为笔者从事物流销售近 10 年,在平时打单的过程中,接触过很多行业的企业(有世界五百强企业,但更多的是国内上市公司以及中小微企业),在这期间也会去观察一些社会现象,笔者自认为属于"解决方案型的销售",当遇到一些客户/企业存在的问题时,会帮助客户思考问题的解决方案。因此笔者对自己在这些年链接社会的过程中观察到的一些社会现象(这些现象/问题可能在东方存在,在西方也有,在过去的某个阶段发生过,也有可能在未来会出现)提出自己的解决方案。

同时笔者也认为营销是一个涉及面很广的职业,在社会的发展及转型中发挥着重要的作用,与国民经济的发展息息相关,影响着一批又一批企业、一代又一代人(每个时代都离不开贸易,所以也离不开营销)。故此,笔者把自己这些年在营销从业过程中所领悟到的术和道通过此书为大家做一个分享(大部分案例都源于笔者的亲身经历),里面有涉及营销的,也有企业/产业供应链优化升级的、新零售探索的，还有一部分对企业数字化转型相关的思考。希望给未来一些有志于从事营销、供应链管理、企业咨询岗位的后入者提供一些参考借鉴。如果能对您未来的生活、工作产生一点点积极的影响，也算是笔者写这本书的意义。

撒豆万千，花开一朵，足慰平生。

2023.10.26

中国　深圳

目　录

第一章

营销的术与社会情绪分析及治理

营销之术:

1. 初入营销之新人入行

背景介绍: 笔者于 2012 年毕业进入职场,刚开始在深圳一家新材料上市公司做市场相关的工作,那时候所谓的市场相关工作,其实并没有怎么接触到大客户,日常的工作也就是端端茶、倒倒水,大客户来的时候摆摆水果、放放资料,帮客户拉拉大门、按按电梯。后面为什么会选择从事营销工作呢,因为自己从小性格内向,不善言辞,想尝试改变这种性格(虽然到目前为止也没有变得多么外向,但较之当年刚做销售时的性格还是改变了不少)。

接下来,笔者就为您讲述下刚开始做销售时的面客场景。

一切都要从 2015 年那个春天开始。

"Hey,小 C,你刚来公司不久,明天你约个客户,我和你一起去见,顺便喊上供应链金融的小菊……"

"好的,× 总。"

第二天的面客的经历我想我这辈子都不会忘记,也无法忘记……

公司的商务车把我们带到客户楼下，接待我们一行三人的是客户公司的副总裁 L、供应链负责人 Z，还没走进客户的会议室，我发现带我来的领导 × 总和客户供应链负责人 Z 的聊天称呼已经变成了"亲爱的"，接下来的步入会议室后的前 30 分钟我已经忘了详细的会谈内容了，但是我方一直都是领导 × 总负责对客户输出，我拿着本子似懂非懂地做着笔记，突然，一阵铃声响起，我们主谈的领导 × 总电话响起，× 总和客户抱歉示意后走出了会议室云接电话，这时候我慌了……

与我和领导 × 总同行的还有供应链金融的小菊，小菊和我一样，刚来公司不久，她负责聊的板块是供应链金融业务，这个也是客户最关心的板块，刚才领导 × 总和客户已经聊得差不多了，于是会场陷入了长时间的安静，中间小菊偶尔会有一搭没一搭地说两句，但由于她也刚来公司不久，对公司各方面的流程、产品、企业文化都不甚熟悉，和客户并没有更多的互动，后面的具体细节我已经记不清了，我就记得领导 × 总走出会议室接电话的时间差不多半个小时，而这期间，笔者在会议室愣是一声没吭，一个词形容我当时内心的情绪波动——煎熬。这就是笔者从事销售以来的第一次面客体验，刻骨铭心的难忘。而这段经历，也让我在面客后下定决心要改变这种现状，绝不允许同样的事情再次发生。

8 年后，我仔细回想并总结我当时面客之所以会产生"黑色 30 分钟"的深层次原因。

1. 性格内向，不敢破冰，怕说错。

2. 第一次从事销售工作，对产品不熟，不专业。

3. 对自己公司企业文化、业务流程、行业资讯知之甚少，对客户公司也不了解。

4. 肾气不足（如果用中医的解释：肾主恐——所以平时要少熬夜）。

这里，笔者也穿插一些当初求职营销之路的小故事：

上面有提到最初笔者想找一份做业务的营销岗，完全是因为笔者觉得自己性格太内向了，不善言辞，想着从事营销工作以后这个性格会有所改变，慢慢开朗起来，但起初自己并没有太大信心，这里要感谢当年人才市场上那个招聘小姐姐的一句话——"帅哥，我看你气质很适合做销售哦，有没有兴趣下午来公司聊聊？"然后下午来到公司面试时，当时的面试官（也就是前面案例提到的领导 × 总）又说了一句话让我下定决心要做营销——"小 C，在你身上我看到了我自己年轻时候的样子"。就是这两句话，开启了我的大客户营销之路，后面每当我攻坚大客户遇到困难，销售业绩压力剧增的时候，一想起这两句话，就能给我带来巨大的心理能量……

您看，所有业务新人会有的问题，笔者都有，甚至那些业务新人没有的问题，笔者身上也有。

我相信大多数人会意识到这个初入营销岗的年轻人首先最需要建立的就是——业务自信。

那如何做好销售，建立业务自信呢，销售又有哪些术和道呢？这里我们先思考下，后面的章节中笔者会将自己对销售的理解向您一一道来。

营销之术：

2. 初入营销之信念篇 1

背景介绍：××股份为华南地区的快消品上市公司，Z总为该公司物流负责人。笔者当初从和同事的聊天中得知该公司每月的物流发货量很大，但是当时又没有Z总的联系方式，于是，笔者就想了一个不是办法的办法。

在一个天朗气清、惠风和畅的早晨，笔者早早来到××股份的公司门口。观察着进进出出的货车车辆，有SF的车辆、有JD的车辆，就是没有笔者所在公司的提货车辆。看到门卫室有一个面相和善并且和笔者年纪相仿的小哥，于是就主动和小哥攀谈起来。

"兄弟，你们公司蛮大哦，我看进进出出的车辆很多，这边得有几千人吧？"

"是的，我们厂有5000多人，我看你在门口很久了，你是做什么的？"

"我做物流销售的，这不是不认识咱们公司的领导嘛，就只能在外面看着了，兄弟我听你口音像南方人，你抽烟不？说着就把随身备着的香烟拿了一根递了过去。"

"嗯，我湖南的。"这位小哥随手接过了笔者递过去的香烟。

"那是老乡啊……"

15分钟后，笔者了解到客户公司目前的物流负责人姓Z，但是尽管是老乡，小哥还是拒绝将物流负责人的联系方式给笔者，于是笔者就继续在门外等着，观察进进出出的车辆都有哪些公司以及进出车辆的数量。临近中午吃饭的时候，笔者赶在下班之前点了两份外卖，一份自己吃，走过去把另外一份递给门卫小哥说：

"老乡，我刚点外卖的时候给你也点了一份，也不知道你喜欢吃啥，就点的我们的家乡菜，您尝尝。"

"你还没走哇！都和你说了我不能把联系方式给你，那样我就违反公司纪律了，这样吧，我给里面打个电话吧，你是哪个公司的来着，我就说你在门口等了一上午了，看他愿不愿意见你吧。"

"好哩，太感谢了，外卖您拿着，无论见不见我，都感谢您，再说这个也花不了几个钱，就当交个朋友，我公司名是××物流。"说着就把外卖放到了门卫室的窗台上。

5分钟后，门卫小哥出来说让我在门口等着，说Z总马上出来吃午餐了，待会儿和我聊一下。

10分钟后，笔者在门口见到了Z总，简单交流后顺利地和Z总加上了微信，Z总说后续有需求找我询价。

几天后的一个下午（五点多），Z总发来了微信："小C，我们公司业务人员在北京开发了一个新客户，需要明天早上让客户收到样品，你们公司能做到吗？"

"Z总，可以的，保证完成任务。"

"据我了解，目前行业时效最快的 SF、JD 都不一定做得到的，你们公司可以？"

"您刚才也说了，SF、JD 都不一定做得到，我们公司的标准产品也不一定做得到，但我可以，我买今晚飞北京的机票给您带过去，是不是能保证完成任务？"

"额……不过现在貌似也只有这个办法了，行吧，你抓紧时间过来公司提货吧。"

当晚，笔者就人肉带货飞到北京去了，第二天早上将货如约送到了 Z 总公司客户的手上。

一个月后，Z 总把公司一部分物流业务调换到笔者所在的公司运作。

通过该案例，我们发现：

1. "天道酬勤，人道酬诚"，强烈的成交信念是你最好也是最快的招式，人心都是肉长的，只要你足够真诚，足够用心，客户是能够感觉到的。

2. "心怀正念，与人为善，惠及他人"，人人皆可成为您的贵人。

创富知识小科普：

业务新人最需要形成的职业素养 / 品质：勇气和信念。

"破除万难的勇气，成交客户的信念。"

笔者认为这两个品质是最重要的品质，它决定你能否在营销这条路上坚持下去，也是你未来能否建立业务自信的关键。

这里也欢迎各位行业销售行家分享一些您的观点。

营销之术：

3. 初入营销之信念篇 2

我记得那是个夏天，流火的 7 月犹如笔者那颗初入新公司对成交业务滚烫热血的心。

通过朋友拿到某中字头商贸流通企业物流采购的联系方式，中间和客户预约了一次时间，例行拜访了一次，大国企在引荐新供应商之前都需要对其进行一番细致的了解，更多关注的是企业各方面的实力（成立时间、财务健康状况、固定资产、行业经验、成功案例、项目管理能力、数字化能力），这里对笔者当时所供职的企业做一个简单的介绍，××供应链板块，国内老牌物流企业，未上市，笔者当时所在供应链板块年营业额 4 亿元，笔者当时负责珠三角片区的业务，公司属于合同物流企业（近些年，合同物流企业倾向于越来越轻资产化），笔者在深圳居家办公，直接远程向公司总裁汇报。

提交供应商评估的资料信息在客户内部评估通过后，笔者拿到客户提供的初轮询价表，提前在内部储备相关报价资源进行投标。终于到了正式投标述标的日子……

记得投标那天，笔者起得很早，不到七点一刻，笔者就早早地来到客户楼下的电梯安静地候着，笔者那颗迫不及待的心让等电梯的时间显得格外漫长，察觉到一同候着电梯的还有一位头发花白的老爷子。

笔者主动向老爷子打了个招呼："您好！我叫 C×，我是 ×× 公司深圳区的业务负责人，今天来您公司是来参加物流投标的，很高兴认识您。"

"投标不是 9 点才开始嘛，小伙子来得还挺早的哈。"——来自花白头发老爷子的回复。

电梯到达十四楼，笔者微笑示意花白头发的老爷子先出电梯。

前台登记完后，笔者开始在投标候客区等候。

时间到了 9 点，各地的投标参与方陆陆续续进入招标会议室。

由于来得早，笔者进入会议室签完到，就找了个靠里的位置坐下了。

招标举办方此时开始了招标流程的介绍，评审委员一共六位，事先并未向投标参与方披露，并且在会议现场 6 人中选出了一个评审委员会的组长，我那时才知道，选出的组长就是早上 7 点多同我一同坐电梯上来的 G 总（笔者也是 9 点后才知道那位头发花白的老爷子姓 G）。

举办方介绍完投标的相关流程后，我看到门口陆陆续续还有一些企业代表进入会场，偌大的会议室此时也显得有些拥挤了。这时候，评审委员会的组长说话了：

"招标的开始时间是9点，但是现场有部分企业是9点后才到会场的，甚至还有一部分企业现在还在过来的路上，本着公平、公正的原则，在此征求下各位代表的意见，针对那些9点以后进入会场的企业，是否依然有资格参与接下来的投标，9点以前进入会场的企业代表具有表决权，5分钟后，我们现场举手投票表决（准许迟到的供应商参与此次投标还是不准许）。"

5分钟后，考虑到很多企业代表都是从上海、北京、天津等地飞过来参与投标的，不辞辛苦、千里奔赴，将心比心，笔者和会场与会的大多数代表都投了准许票。

接下来，就是每个企业的述标讲标环节（每家企业20分钟述标时间）。

一直等到上午11点，采购经理才把我引入评审小组的会议室，笔者进入会议室向几位评审委员鞠躬致意并打开计算机中准备已久的PPT。

"××公司的各位评委，大家上午好！"

"我是来自××公司的C××，很高兴能有机会参与贵公司××年度的物流招标，今天早上咱们在会议室讨论诸多企业代表此次前来投标迟到的事，其实我今天是第一个到达咱们招标现场的，这点，咱们评审委员会的郭组长可以做证。"

说完这句，笔者微笑着朝头发花白的郭组长致意。

"C总今天确实来得很早，同我一起上电梯的，这点确实属实。"郭组长朝我微笑着说出这句话。此时剩下的几位评委眼含深意地看了我一眼。

接下来就是正式的例行讲PPT及问答环节。

具体后面聊的一些细节及详细的问题，我现在已经记不清了，我觉得那些问题也不重要。

一个月后，客户公布了招标结果，本年度共有 60 家企业参与投标，一共选四家供应商进行新一年度的物流合作，其中有两家是与客户合作多年的老供应商，今年度入围并中标的<u>新供应商也有两家</u>，其中笔者所在的公司就是其中的一家（说明笔者所在公司的价格、资质、行业经验以及笔者的竞标态度都受到了客户评标委员会的认可），并拿下北方市场的全部支线运输份额。

该中字头客户的成功中标，我将原因归结为以下几点：

1. 具有灵活的现场处理能力，充分利用周边环境及突发的状况为己所用；突出自己与其他参与方的不同之处。（掌握天时、地利及人和三重关键因素）

2. <u>对事件本身足够重视，早早地就到达投标现场，拥有强烈的合作欲望与信念。</u>

3. <u>运气好！</u>赶了个早还幸运地遇到了客户公司的高层，更幸运的是，遇上的人物竟然还是后面的评标的委员会组长。

如果将其总结为一句话，那就是：决定一件事能否做成，取决于你的信念的强度，你越相信自己，你就越接近成功，当你足够重视某件事情本身并为之精心准备时，老天都会垂青于你，即所谓"信念"的重要性。

《素书》有云，"<u>重可使守固，贪可使攻取</u>"。

——稳重的人，可以让他镇守根据地，信念坚定的人，可以让他去攻城略地，抢占市场。那些对成交业务有着强烈欲望、坚定信念的人，在营销过程中会闪闪发光，更容易被客户注意到，成功概率自然会高很多。

创富知识小科普：

合同物流（Contract Logistics）：是指物流企业与客户（通常是商业企业、制造企业或商贸流通企业）签订一定期限的物流服务合同，为这些客户提供专门的物流服务。这些服务通常比一般的快递业务更加复杂和专业，涵盖供应链物流中的各个环节。合同物流的目的是保证为委托方提供贴身的定制化物流服务，其优点包括有利于提升履约效应、节约投资、降低物流成本。

合同物流企业的服务特点之一是为客户提供定制化物流服务。与快递物流企业为终端客户提供标准确、快速、便捷的物流服务不同，合同物流则是物流企业与制造企业／商业企业通过签订一定期限物流服务合同的方式，利用物流企业自有或整合社会仓储、运输、配送、包装等资源，为制造企业或零售企业提供全部或部分物流服务，满足这些企业的物流需求。

此外，合同物流企业在经营上具有很大的灵活性，并且因其不进行具体的管理，因此能更加集中精力来注重提高物流服务质量。这种类型的物流方式通常也被称为三方物流。

总结起来，合同物流主要有三大特点：定制化、端到端、外包为主。

合同物流企业应该成为未来社会数字化转型的中坚力量，因为它是链接社会各环节的重要组成部分（中国 2023 年物流从业人员超 5500 万人，物流之于制造业企业、商贸流通企业都是刚需）。因此笔者认为合同物流企业的"信息数字建设"在未来会越发重要，也会成为企业竞争力中的重要组成部分，更是引领企业创新的重要手段。

笔者认为现阶段中国民营合同物流企业发展壮大的最大的掣肘主要有两个：一是资金；二是信息化能力。

相信大部分的资深物流行业从业人员不会对此有怀疑，这是为什么呢？大家都知道，现在物流企业在拿业务的时候经常会被甲方客户要求有较强的垫资能力（许多甲方企业要求乙方物流公司垫资60天、90天，甚至半年，可能最后还得给你付承兑），这个也进一步吞噬了合同物流企业的现金流及项目利润，乙方（指合同物流企业）现金流困难，那企业自然就做不大，再加上最近几年的物流行业内卷态势，合同物流企业很多都舍不得在企业的数字化建设方面进行额外的资金投入。

那针对"资金"以及"信息化能力建设"这两个制约中国合同物流企业发展壮大的行业普遍共性问题，大家可以先想想您的解决方案，在后面第三章，笔者会谈到自己的解决方案（届时大家结合自己的想法给予笔者相应的补充及指正建议）。

您对未来合同物流的发展及社会定位怎么看，期待您的观点。

营销之术:

4. 初入营销之信念篇 3

　　背景介绍: S总为国内互联网头部企业物流采购负责人,近些年,随着大数据时代的来临,国内互联网企业越发重视大数据的构建、储存以及安全性,对应的企业每年采购的服务器数量都呈上升趋势,笔者看好这个行业的发展趋势,于是就找身边朋友打听拿到 S 总的联系方式,陌拜加上微信。通过和同行交流了解到 S 总公司年底要举行物流招标。于是笔者就找了一个年度服务器采购量排名的链接发给 S 总互动。

　　"S总,最近忙不?刚看一个公众号的关于国内服务器的采购量排名,看到您公司的采购量在前四,想起您,给您问个好。"

　　"谢谢 C 总关注,年底了确实有些忙,要准备明年的招标工作。"

　　"您公司近期要举行物流招标吗?"

　　"是呀,但是上次和您电话聊完后,我记得您公司之前没有直接做过服务器运输的经验,所以这次招标就没邀请您公司了。"

"您现在方便接电话吗？耽误您 10 分钟。"

"可以。"

于是，笔者就马上给客户打过去电话，向 S 总争取一次参与投标的机会，主要围绕以下三点进行：

1. 公司虽然没有与生产服务器的公司直接合作过，但是之前做过二手的服务器运输订单。

2. 公司现有服务的几个显示屏行业的大客户产品和服务器在运输操作要求上和服务器极其类似。

3. 表示出非常强烈想参与此次招标的期待。

沟通完后，S 总决定还是给笔者公司一个参与投标的机会，当天下午，笔者收到了客户的正式的邀标邮件。

一周后，笔者联动内部准备好相关的资料参与此次招标。

一个月后，客户公布了正式的中标结果，笔者所在的公司没有中标。

于是，笔者拨通了 S 总的电话。

"Hi，S 总，看到您的招标结果邮件了，我们公司这次没中标。"

"是的，很遗憾哦。"

"想向您了解下为什么这次招标我们公司落选了，是因为价格方面还是企业资质方面？"

"都不是，您公司是上市公司，资质这块肯定没问题，价格这次说实话也不错，比部分中标的供应商还有优势。主要是我们这边基于以往其他供应商的一些教训有一些顾虑，所以没敢选您公司。"

"哪方面的顾虑，您方便说说吗？"

"这没什么不方便的，您公司这次之所以没中标主要是因为运作经验这块的欠缺，因为去年也有一家国内知名物流企业中标了该项目，但是由于没有这方面的运输经验，后面撂挑子不干了，当时给我们团队造成了很大的困扰。"

"谢谢您的坦诚相告，对于您团队这次集体的招标结果的决策我也很理解。在这里我也还是向您再争取下，后续您中标的供应商如果又出现撂挑子不干的事，希望您直接以现价找我们公司来试试承接运作，我们非常期待未来能有机会和您公司合作。另外需要寻找仓库也可以找我们家问问资源参考参考。"

"好的，谢谢 C 总，我记住您了，后续有需求一定找您。"

"谢谢，期待您联系我。"

3 个月后，S 总公司需要找个仓库临时周转几天，笔者直接协调了公司在华南的仓库给到客户临时使用，也没有收取客户的费用。

半年后的运输旺季，该客户中标的承运商因为车辆旺季派车总是出现问题，S 总将该供应商的部分线路交由笔者公司承运，并且后面不断加大份额。笔者公司也是因为这个机会填补了公司在服务器运作经验上的空白，为公司树立了良好的形象和口碑。

通过该案例，我们发现：

1. 任正非说过：胜负无定数，敢搏成七分。要敢于挑战。"主观能动性"是营销人员通往成功的基石。

2. 从 0 到 1 往往是最难的，要有打破常规的勇气，永不放弃的信念。心理学上有一个你不敢相信的真相，当您想要做一件事情时，只要踏踏实实地做下去，就一定会得到积极的反馈，但大多数人的状态是，一边做一边怀疑和对抗，遇到事情，如果只知道宣泄情绪，而没有解决问题的能力，那就只会在这个过程中反复循环，但如果您不自乱阵脚，事情就会往好的方向发展。以志领气，"集义"养气，气定则心定，心定则事顺。想多了全是问题，做多了全是答案（这段虽然有点儿鸡汤的感觉，但您仔细想想它可能就是这么回事）。

《大学》讲：止定静安虑得——"知止而后有定，定而后能静，静而后能安，安而后能虑，虑而后能得。"与诸君共勉。

营销之术：

5. 传统文化的重要性

最近，公司针对营销人员做了很多关于新能源行业的专业知识培训，涉及新能源行业的上中下游产业链，大力开发新能源产品客户物流业务的热浪席卷而来……

笔者想到了前不久曾委托笔者寻找电池存储仓库的某世界五百强外企客户——嗯，打个招呼去。

"Hi，V总，最近忙不？"（聊天背景：与V总之前素未谋面，一直停留在电话、微信沟通）

"可忙啦，忙着咳嗽。"（来自V总的回复）

"您这是又操劳了呀，为工作也太拼了，要注意休息哦。我最近喜欢看《黄帝内经》，里面有不少养生知识哦，您要有兴趣也可以看看。"

"我没记错的话，那个是文言文，文言文相关的我可看不进去，要不您分享下您的心得？"

"可以呀，这本书我总结起来就讲了八个字——'正气存内、邪不侵身'。所以平时可以晒晒太阳、适当运动（比如爬爬山），可以提升'身体能量'。"

"另外，我看您工作那么忙，估计工作压力不小，给您推荐个有意思的养生方式——冥想，能提升您的专注力、减轻压力和焦虑、提高精神状态，您的身体状况自然就会好很多。"

"咦……怎么说？冥想这么神奇？"

"《黄帝内经》讲：恬淡虚无，真气从之，精神内守，病安从来。"

"就是说一个人做到精神内守，就基本上不会生啥病。"

"那人如何做到精神内守呢？我觉得冥想就可以。"

"这个也是我学习《黄帝内经》的时候自己悟出来的，分享给您。"

"有一个初学者练习冥想的 App——月 × 食，您如果有兴趣可以下载体验下。"

"好的，谢谢您的分享，您今天找我是有什么事吗？"——来自 V 总的回复。

"嗯，今天找您主要给您汇报下新动态，我年初从 ×× 公司出来了，现在在 ×× 公司这边负责营销板块，您以后多多照拂呀。记得之前有给您找过电池存储方面的仓库嘛，我现在供职的公司在新能源物流服务这块做得很好，目前和行业的头部企业特斯拉、比亚迪、宁德时代都有合作，后续看下电池运输这块有没有合作机会？"

"可以呀，我把邮箱发您，您把现在公司的企业资料发过来，后面咱们约时间聊。"

"好哩，谢谢 V 总，资料我晚点给您发过去。"（笔者当天就

把资料通过邮件发给了 V 总）

两天后，笔者感冒了，也咳嗽，就想起了前几天有过互动的客户 V 总，于是微信给他留言了：

"V 总，我这几天也感冒了，和您前段时间一样，咳嗽得厉害，貌似是二阳了，您现在咳嗽不是好了嘛，分享点治咳嗽的经验。"

"哎呀，您可要保重身体呀，吃点感冒药，我上次吃的是中成药 ×××（这里不做药物推荐）。"

"好，我回头按照您说的试试。"

两天后，笔者感冒好了，给 V 总发了个消息：

"V 总，按照您的方子，我咳嗽好得差不多了，周末应该就能完全好了，您下周时间方便不？请您吃个饭，表示感谢！要不是您分享的方子，我这咳嗽好得可没这么快。"

"您客气了，要不这样，您下周三如果时间方便的话，来我公司聊聊，正好最近有部分线路运作出了点问题，上次看了您发的资料，对你们的有些案例很感兴趣，来公司交流下。"

"好哩。"

就这样笔者顺利地和客户约上了见面时间。

几个月后，笔者公司成功与 V 总的公司达成了电池运输的合作。

从这个案例其实大家可以看出，有时候客户真正给你业务做的原因可能不是因为你的价格低，而是你某个点引起了他的共鸣。总结该案例，得出以下结论：

1. 与人的互动，不要怕"麻烦"，麻烦多了，客情也就起来了，如果没有真正的麻烦，可以主动示弱以创造机会请求他人的帮助、建议，心理学中的富兰克林效应也说明了这一点："往往帮过你一次的人会选择第二次帮你。"

2.让话题变得更具有开放性，如果只是单纯聊业务，你会发现你和客户的沟通会变得很无趣，也很有限。（可以结合业务场景、客户喜好聊一些你擅长领域的知识）

3.让沟通变成一个"无限游戏"，互动变得连续且循环起来，比如你每次和客户见面会谈结尾的时候，可以顺便和客户约定下次见面的时间以及要沟通的内容。

创富知识小科普：

传统文化的价值主要体现在以下几个方面：

1.历史价值：传统文化是一个国家或民族历史的重要组成部分，它承载了国家或民族的历史记忆、文化传承和社会发展的轨迹，它是中华民族这棵大树的根。通过学习和传承传统文化，可以了解国家或民族的历史渊源、文化传承和社会变迁，从而增强对国家和民族的认同感和归属感。

2.文化价值：传统文化是一个国家或民族文化的精髓和灵魂，它包含了丰富的哲学思想、道德规范、文学艺术、科技智慧等方面的内容。传统文化对于塑造人们的价值观念、行为规范和审美情趣等方面具有重要影响，是一个国家或民族文化软实力的重要体现。

3.教育价值：传统文化蕴含着丰富的教育资源及教育智慧，可以为现代教育提供有益的借鉴和启示。通过学习和传承传统文化，可以培养国民的道德情操、人文素养和审美能力。

4.经济价值：传统文化是一个国家或民族经济发展的重要支撑和推动力。传统文化中的手工艺、民间艺术、传统节庆、历史典故等，可以转化为具有市场竞争力的文化产品和服务，为经济发展注入新的动力（这里提一个国产饮品品牌：霸王茶姬，就把中国传统文化的故事和企业产品开发融合得很好——其中"伯牙绝弦"单品更是亿元级爆款）。

中国传统文化博大精深，讲好中国故事，传播好中国声音，展现文化自信，都离不开传统文化。其中"儒释道"就是中国传统文化的精髓部分，在里面，您可以找到营销创富之道、企业管理之道、为人处世之道、修身养性之道，应有尽有。

营销之术：

6.社会情绪篇之股民情绪

"小 C，下周我会去深圳出差，你约几个大客户，我到时和你一起去拜访。"

"好的，W 总。"

于是，笔者脑海中突然想起前几天一个之前的哥们儿提供过来的某家电上市公司企业物流负责人 Z 总的联系方式，于是开始电话陌拜。

"Z 总您好！我是 ×× 公司珠三角片区的业务负责人 C××，很高兴认识您，近期我司在上海组织了一个供应链物流高峰论坛，届时会有国内诸多家电领域的上市公司、头部企业的物流负责人与会，大家一起交流下供应链管理方面的经验，分享心得，想邀请您参加我们这次举办的峰会，机票、酒店我们公司会安排，如果您有兴趣，稍后我加您微信，我将峰会相关的参与方及其他详细资料给到您参考下。"

"Z 总：好，那你加吧，我了解下。"

"叮叮"，微信好友添加通过了。

笔者将企业介绍及峰会相关的资料发给 Z 总，Z 总礼貌性地回了一句"好的，我看看"。

两天后，想起下周总裁要来华南出差，笔者当时还没约到一个客户能让总裁过去拜访的，突然想起了前两天刚加上微信的 Z 总，先给 Z 总微信预约下。

"Z 总，下周我公司总裁会来华南这边出差，想提前预约下您的时间，前往您公司当面拜访，您看方便不？"——半小时后，Z 总未回复，N 个小时后，Z 总还是未回复，那第二天继续约吧。

第二天继续留言预约 Z 总，未回复。

周五继续留言给 Z 总，还是未回复，该怎么办呢？

当晚笔者和提供 Z 总联系方式的哥们儿通了电话，了解到一个信息，Z 总不但是公司的物流负责人，同时还是公司的财务负责人，那应该对财务数据敏感，我大学那会儿不就对这个财务分析很感兴趣嘛。——嗯，我是不是应该做点什么？

笔者当晚做了一件事，将 Z 总公司的财报和同行业的头部企业 ×× 电器财报做了一个分析并在第二天给 Z 总微信留言了（数据来自同花顺 F10 披露数据）。以下是聊天内容：

"Z 总，我看了你们家的股票，较之 ×× 电器（该领域行业龙头），被严重低估了呀，不信你看财报对比……

Z 总公司：×× 电器

中报期营业额：35 亿元 : 41 亿元

毛利率：33% : 32%

中期扣非后的净利润：3.1 亿 : 3.7 亿

"您公司和 ×× 电器营业额差不多，毛利率差不多，扣非净利润也差不多，但是两家公司股票市值却差了 4 倍，我打算明天买您家的股票，您看行不？"

第二天早上上班后收到 Z 总的微信回复，就这么愉快地和 Z 总互动起来了。

其间，同 Z 总电话交流过几次。

几个月后，Z 总需要在北方寻找一家仓配承运商，发来了视频，喊笔者过去他公司聊合作。

两个月后，笔者公司如愿和 Z 总合作，签订了合作合同。

几年后再回顾当初拿下这个客户的各种细节，主要做对了以下几件事。

1. 借助公司峰会营销事件邀请 Z 总，顺利添加上 Z 总微信。

2. 在与 Z 总互动出现困难时，及时寻找客户可能的兴趣点并进行资料收集筹备互动（在内行人士看来可能没那么专业），成功引起 Z 总的共鸣，延续互动。

3. 人们倾向于与同自己有相同喜好的陌生人打交道（尽管现在看起来笔者当年的股票分析是那么不专业，但共同的语言更容易让人产生好感）。

创富知识小科普：

中国股市的投资者群体主要有：散户、游资、机构，其中散户的数量占整个市场的 90% 以上，是股市的重要参与群体。有句话说，股市是经济的晴雨表。在笔者看来股市不一定是经济的晴雨表，但它一定是"股民情绪"的晴雨表。

那市场上是什么在影响散户的情绪呢？大户、游资还是机构？——具体我不知道，但它一定是大资金。

它又是通过什么来影响放大做空效应的呢？——融券做空？

那当初为什么要设立融资融券呢？当初设立融资融券的主要考量是什么呢？

释放股价风险，让股价趋向合理，那上证指数点位多少算是合理的呢？

笔者上面的阐述并非说融资融券这个制度不好，它确实能活跃市场，提高市场成交量，也能在市场情绪高昂的时候挤一下泡沫，调控下风险，但是这里有个前提，那就是市场已经普遍出现泡沫了。那什么能反映市场的泡沫呢，我觉得指数就是很好的体现。

1. 是否可以根据指数的浮动空间设立一个融券的熔断机制，比如：上证指数低于 3000 点的时候暂停（熔断）融券交易，设一个风险预警区间，具体这个指数的熔断值该设多少，未来这个值也可以随着经济体量/增速的增大再逐渐调整（在特殊时期，该方案可以有效防止引发系统性金融风险）。我们的股市并非不允许融券做空交易，融券做空它的作用应该是挤泡沫、防止资金过热。

2. 完善股票退市制度，任何一个健康的市场，都需要有进有出，而且进退的差值不能相差太大。

3. 如果有更多有影响力的公众人物都纷纷入市，我相信股民的信心或许就起来了。信心是股市的根本。

以上是笔者作为一个关心中国股市的资深小散提出的不成熟的想法。纯属外行之言，仅供参考。

最后：咱们股民也要充分相信我们新上任的证监会管理团队有魄力、有能力、有智慧管理好中国股市。股民情绪是社会情绪中非常重要的组成部分。同时通过股市的追涨杀跌、板块联动效应我们不难看出社会情绪具有很强的"传导性"，那如何正确地利用社会情绪的传导性特点来解决一些社会现象呢？这里您先思考下，后面，笔者也会有专门的章节来阐述自己的解决方案供您参考。

营销之术：

7. 社会情绪篇之营销的技巧

背景介绍：×总为某国资委旗下中国五百强贸易公司的物流负责人，笔者虽然之前通过朋友推荐加上×总微信，但并没有合作。

"×总，最近忙什么呢？"

"最近在研究股票。"（×总回复道）

"咦，×总你啥时候也开始炒股啦？买的哪只？我看看，也带我一起飞呀。"

"可别提了，最近亏了不少，之前没玩过，前段时间看朋友炒股赚钱了，跟着买点，结果现在套进去了，怎么？你也炒股？"

"会一点儿啊，我大学学的经济学，有一点基础，曾经也算个发烧友，研究过一段时间，看过的股票书应该上百本了。不过我作为一个资深小散，不太建议玩股票短线投资，这里面水很深，想赚钱基本上不现实，不过您要实在想研究这个，我倒是可以给您推荐些书看看。"

"好哇，推荐几本来，最近有空可以看看闲书了，正好学习下。"

"那行，您把收件信息给我，我直接给您寄几本我认为不错的，正好我家里就有，现成的。"

"好，那我就不客气了。"（随后 ×总就把收件信息发来了）

"我最近打算买 ZK×× 这个票，你帮我看看，还能拿吗？"

"行，我分析下：

1. 技术层面：低位红三兵且温和放量，MACD 指标底背离且已经在 0 轴上方了，说明底部蓄势即将完成且释放了大部分套牢盘，同时 MACD、KDJ、MA 均出现金叉，达到技术共振。

2. 数字化概念股。这几年国企都在搞数字化转型，这个股票属于中字头的，有核心技术，未来数字化这块拿业务比境外企业更有优势（为什么呢？国企做数字化转型最关注的就是"数据安全"这块。企业财报也不错，我看了新冠疫情期间这股票毛利不降反升，营业额逆势增长。另外，我看前期下跌过程中龙虎榜上某某知名长线投资席位联同同城的另外两个席位连续两天净买入 1.5 亿元资金了。我的建议是可以入。不过 ×总，这个我只是建议哈，股票这个事很难说的，您参考就行了，风险自负。"（这里不做股票推荐，纯属情节需要——笔者自行脑补的股票情景分析）

"C总，看不出来哈，您股票做得蛮专业哦，以后您买啥股票也告诉我哈，我跟您买得了。"

"×总见笑了，其实我物流做得更专业。要不找机会合作合作？"

"这个我信，我下个月要在广州上一个新项目，您有兴趣的话明天上午过来公司聊聊。"

"好哇，那咱们就明天上午见咯。"

第二天同 × 总见面了解到客户的详细仓配需求（需要在广州设一个 4000 平方米的仓对珠三角地区的小 B 端客户进行辐射配送，常用 4.2 车型进行多点送货）。

笔者根据客户的需求，将需求分解为以下三段并逐一进行了优化：

1. 仓——提供了仓库资源，并使用模拟仿真技术对库内进行规划，提高仓库库内空间利用率。

2. 订单配送规划——利用系统统计客户每天的订单数，做一车多点配送的线路规划，减少了客户在其他城市的项目因为线路规划不合理而导致的配送效率低的问题。

3. 车辆优化——笔者启用新能源车辆代替原方案的油车配送，顺便降低配送成本。

一个月后，笔者公司与 × 总公司正式签订合作合同。

两个月后，广州仓配项目正式运作。并且笔者此后与 × 总建立了深厚的私人友谊。

总结该案例，我认为该案例之所以能成功，主要是因为以下两点：

1. 喜好以及权威原则：笔者通过展示自己在股票市场的专业知识和经验，赢得了 × 总的信任和好感。这种好感使 × 总更愿意接受他的建议，并与他建立合作关系。喜好原则在建立互信关系和促进合作方面起着重要作用。

2.互惠原则：在对话中，作者通过给 × 总推荐一些股票书籍，建立了互惠关系。这是一种有效的策略，因为当人们觉得他们欠别人人情时，他们更可能采取互惠原则，接受别人的建议或请求。

创富知识小科普：

罗伯特·西奥迪尼在其《影响力》一书当中描述了与人建立影响力的七大原则，在笔者看来这七大原则也是营销人员建立个人影响力的关键：

《影响力》一书中提到了七大原则，分别是互惠、社会认同、喜好、权威、稀缺、承诺与一致、联盟原则。

1.互惠原则：人们倾向于回报他人给予的恩惠。如果有人对我们好，我们会感到有义务以某种方式回报。因为接受了别人的好处会产生亏欠感，这就形成了一种交换的基础。

2.社会认同原则：在不确定的情况下，人们倾向于观察他人的行为，并以此作为自己行动的指南。也就是说，如果别人都认为某件事是对的，那么我们也更倾向于认为它是对的。

3.喜好原则：大多数人更容易答应自己认识和喜爱的人所提出的要求。这可以通过赞扬别人、表达喜爱之情等方式来实现，因此，建立良好的人际关系和找到共同点可以增加我们影响他人的可能性。

4.权威原则：权威原则主要指的是人们倾向于服从权威人士的建议。这种倾向源于人们对专业知识和高地位者的信任，因此，当权威人士表达观点或给出建议时，人们往往更容易接受并受其影响。

5. 稀缺原则：人们对于稀有的、有限的或难以得到的东西有更强烈的追求欲望。一旦某物变得稀缺，我们会更想要得到它。

6. 承诺与一致原则：一旦做出选择或明确了立场，就会倾向于保持言行一致，以证明自己的决定是正确的。言必信、行必果，人人都有一种言行一致的愿望，或者显得言行一致的愿望。一旦我们做出某种选择，就会因为内心和外部的压力，迫使我们按照承诺去做。即使人们由于各种原因有过言行不一致的时候，但内心深处仍然希望自己的言行一致。一旦做了选择，就会寻找各种证据证明自己的选择是对的，即使这是一个错误的决定，也会尽力保持一致。

7. 联盟原则：人们倾向于顺从他们认为属于自己群体的人。如果人们对某个群体有着强烈的身份认同感，就会更乐于遵循该群体的规范，哪怕他们知道这些规范与现实脱节。人们将对自己认为的"我们"这个群体里的人产生信任和认可，从而产生更多合作。

现在您看，销售的技巧（术）其实就那么几个，不难的。

创富知识的小讨论：

新冠疫情这几年，裁员潮从国外波及国内，某些国家的贸易保护主义也对国内的就业产生了一定的影响。政府也在积极调整和升级产业结构，创造新的就业机会，哪怕是我们中国这样高效率的政府组织，任何一个政策从出台到产生一定的社会效应，它也都是有时间周期的，不是一蹴而就的。

那针对就业的问题，笔者认为"做销售不失为一个好的选择"。亚当·斯密的《国富论》中提出的绝对优势理论和大卫·李嘉图在《政治经济学及赋税原理》中提出的比较优势理论，其共同点都阐述了"贸易对于一个国家及全球经济的重要性"。所以政府提出要"内循环"，这就是一个非常好的决策，我们是全产业链的国家，没有任何其他一个国家比我们更有基础、更有条件做"内循环"了，只要你我都跑起来了，业务都做起来了，经济不就循环起来了嘛。那销售这个岗位，就能让贸易转起来呀。那很多人又说并不是所有的人的性格都适合做销售，前面笔者有介绍自己刚入行的表现，笔者是从农村出来的，没有社会资源，做销售之前也没有国内物流从业经验。刚开始做业务时的场景前面有案例描述（笔者当时性格内向到坐在客户对面30分钟都不敢说一句话），在国家的发展红利的大背景下，几年时间，笔者曾经做销售底薪就能月入数万元，你们的性格难道还能比当初的笔者更内向？你们现在的社会资源难道还能比当初的笔者还要少？你们的行业经验难道比当初的笔者更欠缺？所以我觉得你们绝大多数的人都适合做销售，而且大部分都能做得比当初的笔者更好，现在很多企业都缺专业背景的销售人员，你们如果做销售上手甚至会更快（您以前做产品的，您现在去卖产品，那不是更得心应手？您以前写代码的，您现在去卖软件，那不是更懂客户需求？您以前搞技术的，您现在去卖技术解决方案，那不是更容易说服客户？）。政府出台了政策方针，从各方面提供了保障，但是真正能够让政策效应起来的还是你我自己的"内驱力"，失业有被动失业和主动失业，我觉得现在的情况就是主动失业的多，你不想上班，你选择躺平，那政府再有利的政策对你也不起作用。

营销之术：

8. 社会情绪篇之个人心理建设篇

背景介绍： L总曾经和笔者同在某知名国企一起共事，且是笔者之前的领导，当时由于某些原因（受牵连被公司撤掉整个分公司），笔者在当时的公司工作两个月就被L总给裁掉了，没让笔者转正，此段经历一度让笔者认为是职业生涯中的污点。

几年过后，L总也从当初的国企出来，在另一家大型上市公司××股份担任供应链总裁，一次偶然的机会，笔者知道了该公司近期举行招标，于是多方打听了解到，现在该公司的供应链总裁是L总，刚好笔者手机里面也有L总的联系方式。笔者思考了一段时间，终于决定给L总电话。以下是电话沟通内容：

"L总您好！我是C××，您还有印象不？"

"哦，小C呀，好久没联系了哈，怎么想到给我打电话了，是有什么事吗？"

"是呀，确实好多年没联系了，跟您问个好，刚好上午经过咱们之前上班的那家公司，想起您，给您打个电话问候下。前段时间听林总（前同事，笔者和L总共同的朋友）说您现在又高升了，恭喜呀！"

"谢谢，你现在怎么样啊？"

"我呀，这些年您又不愿意带我，挺坎坷的，认知也发生了很大的变化，想通了好多事。"

"怎么说？想通啥事啦？说来听听。"

"就比如当初跟您共事的时候，后面不是从那儿出来了嘛，我后面学习传统文化的时候发现，原来那个事是有因果的，我当时注定会受牵连，所以今天给您打这个电话，首先是和您汇报下我的近况，其次也是就当年的那个事和您说一下我的心理感受，我已经释怀了，也没有任何怪您的意思。希望您心里面不要觉得有啥对不住我的。"

"不错，没想到你现在成长得这么快，当年那个事我确实是有苦衷的……"

"理解，您现在是长期在深圳这边不？要不您看啥时候方便，我喊上林总，咱们约个酒，喝几杯？也和您当面汇报下我这些年的成长。"

"好啊，这样，我平时周末一般回广州，周四晚上吧，你喊上林总，到时咱们聚聚，回头我给你发个定位。"

几天后的周四，笔者和朋友及 L 总把酒言欢，畅谈往事。

一周后，笔者递交了投标资料参与投标。

一个月后，笔者公司该项目中标北方某个仓储及配送标的。

两个月后，笔者公司正式与 L 总公司启动合作。

通过该案例，我们发现：

1. 不管在生活上还是工作中，看问题、做事情都不要拘泥于某一个场景、某一个维度。用发展的、动态的眼光去看问题，想问题，您的路会很宽。

2. 生活就是一面镜子，如果你对它笑，它就会回报你温暖，你对它心存芥蒂，它就会对你百般刁难。避免"受害者心态"，每个人最终都会活成你想象中的样子，<u>你若简单，你的世界就是童话</u>。

这里，给大家分享一个笔者平时在开发客户过程中出现害怕逃避等坏情绪时调整自己突破心理障碍的小方法，八个字总结就是"升维格局、向下兼容"，怎么理解呢？笔者认为当您没法或者不愿意去做某个"难而正确"的事时，其实是您心里的能量不足所造成的，那如何突破心理障碍最终去做这个事呢？笔者认为最好的办法就是升维自己的格局，格局上来了，您对应的能量就上来了，您就能顺理成章地去做您所认为正确的事。比如这个案例中的笔者突破多年的心理障碍主动联系 L 总时，起初也是很困难、很排斥的。但是当笔者将这个事想象成它能帮助笔者成为销冠提高收入，做这个事它能让社会资源合理配置，造福行业、为产业发展做贡献，你再去做这个事就会变得理所当然，你就能兼容万物了。

<u>大部分人都活在自己的"相"里。</u>

创富知识小科普：

现在社会发展很快，各行业竞争激烈，AI、新技术、新科技层出不穷，人与人竞争的同时，还得与机器、科技、新技术竞争，每个人都担心自己有朝一日被替代，被淘汰，也导致心理疾病的发生率很高。这里笔者根据自己的经历谈一点对抗心理疾病的想法。

　　笔者认为人之所以心理有疾病，主要在于"纠缠"，纠缠于过去，纠缠于具体的某一件事，沉浸在所产生的不良情绪中并且长期持续这种情绪，久而久之，形成了"负向反馈"（此为"着相"），就成了心理疾病。那如何脱离这种纠缠呢，笔者认为当您意识到自己或者身边的人有这方面的苗头或趋势的时候，赶紧跳脱出来，那如何跳脱出来呢？"格局"，立马升维格局，想更大的事，想正向的事，想更长远的事，想好的事，您就能脱离这种纠缠，跳脱出来（达到"离相"的目的）。所谓"格局大了，事就小了"，说的就是这个道理。

　　这里也欢迎大家分享一些更好的方法，分享自己曾经对抗心理疾病，走出心理障碍的一些方法，笔者很期待大家的分享。

营销之术：

9. 社会情绪篇之解决方案篇——广布施

"C总，我最近在公司做得不是很开心，想换工作，有合适的推荐不？"（来自老同事 × 的微信留言）

"把你简历发来，我问问身边的朋友，给你留意下身边的机会。"

"好哩，我晚点发你。"

几天后，笔者刷朋友圈看到某某国企 HR 正在招聘物流负责人，瞬间想到笔者的朋友 × 最近想换工作，和 × 确认过投递意向后就把简历给招聘方递过去了。

"谢谢 C 总的推荐，您朋友的背景履历总体还蛮符合我们这次物流负责人的招聘要求的，稍微有点儿不足的就是新能源这个行业没待过，对这个行业的物流管理了解不多。"（来自朋友圈 ×× 国企 HR 的回复）

"那太好了，我把他微信推给您，行业物流管理的经验这块其实都大同小异啦，你们先聊聊看嘛。"

笔者马上和 × 进行了电话沟通，并找了一些新能源行业的

物流资讯给到 × 提前学习下。

一周后，× 反馈面试已经通过了，到了谈薪资的环节了，但是他不知道怎么谈，尤其现在市场环境没那么好，企业对于薪资涨幅都控制挺严格的。于是，笔者就电话 × 将自己过往谈薪资的一些经验分享给 ×。

又是一周后，× 顺利拿到 offer，薪资待遇相较之前有近30% 的涨幅，这在经历三年新冠疫情后的就业市场显得尤为可贵，× 对这个 offer 很满意。

一周后，× 到新公司入职。

一个月后，× 邀请笔者共进午餐，表示感谢，并把新公司的一些物流需求给了过来。

两个月后，笔者公司成为 × 所在公司的物流供应商。

关于这个案例，笔者这里想说的是：您尽管善良，其他的自有天定，作为营销从业人员，我们有责任让社会的资源充分流动与合理配置，人才和经验的流动也能促进社会的进步，平时不管在生活还是工作中，在力所能及的范围内，"多布施，广结善缘"。

布施会让您的心理能量得以改善，久而久之，您也会越来越自信，您的生活也会越来越幸福。大乘佛法中的布施有三种：

1. 财布施：拿钱财济他人所需。

2. 法布施：给予他人正确的方法引导，引导他人向善、向好。

3. 无畏布施：众生若有种种灾难恐怖畏惧之事，能够安慰他们，帮助他们免去内心的恐怖、畏惧，使其对生活充满信心。

总之，但行好事，莫问前程。

创富知识小科普：

布施的重要性：

新冠疫情三年是人类艰难的三年，也是我们国家修炼内功的三年。无论经济还是人民的情绪都发生了一些细微的变化，这里笔者作为一个营销从业人员谈谈疫情前和疫情后与身边的朋友、客户互动的体验。笔者从 2015 年以来一直在销售的一线，这些年积累客户资源的主要方式全靠找身边的朋友打听，打听企业内部关键人员的联系方式来进行业务拓展。疫情前，笔者找身边无论是认识的还是不认识的朋友打听某个企业的高管联系方式或者让身边的朋友帮忙介绍业务，大家都很乐意介绍，基本上没什么难度。但是经历过疫情后，笔者再去找身边陌生朋友甚至熟络的朋友去打听某个企业的高管联系方式时，发现大家普遍都非常谨慎甚至冷漠。这其中社会情绪的微妙变化我相信很多频繁跑动链接的朋友应该和笔者一样感同身受。笔者也试着去分析为什么会有这个社会心理的变化，原因主要有以下三点：

1. 疫情三年，世界经济陷入衰退，全球的裁员潮也向中国袭来，大家都对自己的工作格外珍惜，担心自己有一天也会被优化，都很紧张，所以大家都不敢花钱、不敢生孩子、不敢去帮助人，生怕被别人拖累了自己。

2. 社会负面信息的资讯广泛传播与渲染（标题党"某某企业又裁员了多少人""××行业又倒闭了多少企业"）造成的社会恐慌。有句话怎么说来着，"大部分生病的人最后都不是病死的，而是被自己吓死的"，说的就是这个道理。在前面的案例里笔者有提到社会情绪有"传导性"，这里笔者再举一个社会情绪传导的例子：假如您年前在华为问界买了一台车，然后您公司放假了，还有几天就要除夕跨年了，您在广东等着提车过年用，因为车是从重庆发到广东的，路上运输需要几天时间，家里父母天天催着您回江西老家过年，您因为父母催您早点回家您就过度焦虑地催着4S店的客服专员（客服可能被您频繁的催促在背后偷偷地骂，甚至最后有可能因为工作压力过大把工作都给辞了），客服然后又催工厂那边，工厂又催原材料厂商（但实际上工业社会的企业分工都是高度精细化的，大家每个人都是一个小螺丝钉，它不会因为您的频繁催促就变快了，它按照既定的商业规则、天道法则在自行运作。如果催有用的话，那我还不如直接催大家都暴富哈）。最后您看，在社会情绪紧绷的时候，您无意识的焦虑情绪可能会导致企业焦虑，企业焦虑传导至社会焦虑，社会焦虑最后会导致整个国家焦虑。所以您看情绪传导的力量有多恐怖，"松弛感"对于我们每一个人来说又多么重要。

3. 企业"内卷"严重（"内卷"这个词也是我在最近几年听到频率最高的词）。就拿笔者所在的物流行业来说，三年前笔者拿一个项目可能毛利有30%左右，但是今年发现整个行业毛利都在5%左右，没错，确实很卷。企业都卷了，那员工能不卷吗？社会情绪能不发生变化吗？（那如何破除内卷呢，大家都结合自己的行业思考下，笔者在后面的案例中会重点谈谈自己的一些破除内卷的思路及解决方案，这里我们先回归主题）

那你我身在这种社会情绪的变化中又能做什么呢？前文强调了社会情绪具有"传导性"，那如何正确地利用社会情绪的传导性特点来实质性地解决一些社会现象（问题）呢？习近平已经给了我们启示。

1.团结就是力量，信心赛过黄金。只有大家都热爱这个国家，对未来充满信心，敢消费、敢投资，经济才能转起来，才能好起来。宁愿盲目地乐观，也不要谨慎地悲观。

2.广"布施"：生活工作中，您给他人一个微笑，您极大概率也会收获他人回馈您一个微笑；身边朋友工作压力大的时候，您听他诉诉苦，和他唠唠嗑，您是不是也收获了友谊？您在某个行业很有经验，您和求道者分享，您为了分享又去学习更多的知识，在这个过程中您是否又收获了智慧？您是平台企业，您向平台上的接单司机少收佣金几个点，同样的月收入下司机一天可以少跑几单，可以早点下班回家陪伴家人，司机全家内心里是不是会感谢您？他是不是会多推荐几个同行在您的平台接单？您的"企业能量"是不是也会越来越好？你我的能量越来越好了，企业的能量越来越好了，那咱们社会的能量就越来越好了，咱们国家的能量也就越来越好了。"财布施得钱财，法布施得智慧，无畏布施得福德。"

本节结尾引用王人博教授的一句话：理性可以普世化，而感情却只能是民族的，文化的。"人并不只是靠理性而活着。"

营销之术:

10. 社会情绪篇之售后返修篇

      背景介绍:T总是国内某知名零售上市企业物流负责人,做物流负责人之前在公司内是负责采购板块的,采购经验丰富,物流行业的知识相对弱一些。

      起初笔者和T总加了微信后并没有真正互动上,其间微信约过几次上门拜访,客户并没有回复。

      笔者考虑到客户的背景,想起前段时间一个朋友给的《中国物流服务行业研究报告》,直接就微信转给了T总。

      "最新的物流行业研究报告,分享给您一份。"

      20分钟后,T总回了个信息过来。

      "收到,感谢,虽然我们公司的业务主要以海外市场为主,国内物流之前接触不多,但是通过您这个报告学习到不少国内物流知识,后续这个报告如果有国际物流部分,也欢迎分享。"(来自T总的回复)

      "好哇,一个做投行的朋友发过来的,回头我再问问有没有国际物流版本的报告发给您参考。"

几天后，笔者将找到的国际物流报告发给了 T 总并留言。

"T 总，这个是我找朋友要过来的国际物流版本的研究报告，您参考下。后续您在物流方面有任何问题，都可以随时找我啦，我毕业后在物流行业从业近 10 年，对国内国际物流、供应链优化、科技 / 数字化供应链、企业数字化转型均有不同程度的实践。另外我现在的公司在电子行业的国际物流领域也深耕多年，在美国、非洲、欧洲、东南亚都有自己设立的海外仓。后续您在海外的一些退回国内的货物可以放在我们的仓库暂存（半个月以内也不收取您的存储费），我们从海外仓海空运到国内的运输基本上每个月都有好几趟。"

"好哇，我们正好经常有一些在海外的退货没地方处理，要不这样，你下周三来公司一趟吧，我们当面聊聊。"（T 总回复）

就这么愉快地和 T 总争取到了会面机会。

一周后，笔者和 T 总会面后拿到 T 总公司详细的海外仓、配需求。

一个月后，笔者公司与 T 总所在的公司正式开启了合作。

三个月后，T 总又介绍了另一家电子领域在海外有退货的客户给笔者。

半年后，笔者向所在的公司提出的在国内招聘资深电子产品维修人员常驻海外仓内以帮助海外客户维修件进行有偿服务的想法得到公司批准。增强了这部分返修产品客户的合作黏性。

总结该案例主要有以下两点：

1. 笔者根据 T 总以前非物流背景的情况，免费向 T 总提供专业行业研究报告并与 T 总展开有效互动，并且"争取到了见面机会"。

2. 笔者对中国电子出海企业在海外的退货返修业务的痛点深入研究并采取了市面上其他竞对没有的解决方案彻底帮助甲方客户解决了痛点，还增强了与现有客户的合作黏性。

当您想世界对您友善时，您首先得向世界敞开心扉，足够开放，甚至不计得失。

创富知识小科普：

售后物流：如果把物流按照不同的环节来划分的话，我们可以分为：采购物流、生产物流、销售物流、售后物流，退货返修这块属于售后物流。在这几个物流环节中，售后物流要极其注重对客户情绪的处理，货物一旦到了售后这个环节，基本上客户已经有很强烈的负面情绪了。这个时候您如果还不让客户好过，客户自然不会让您好过，情绪处理不当，对企业的影响极有可能就是灾难性的。那这块如何提升呢，笔者总结了以下几点，供"诸君"参考：

1. 确保维修质量，缩短维修周期；

2. 提升维修物流体验：二次签收体验快，这时候能用时效好的产品，尽量不要为了省钱去走时效低的物流产品；

3. 积极应对、情绪安抚，如果维修周期较长时，维修动态及时向客户反馈；

4. 建立敏捷高效的投诉及反馈机制。

营销之术：

11. 社会情绪篇之爱国情绪

2021 年 7 月 20 日 8 时至 7 月 21 日 6 时，河南中北部出现大暴雨，郑州、新乡、开封、周口、焦作等地部分地区出现特大暴雨（250 ～ 350 毫米），郑州城区局地 500 ～ 657 毫米；上述部分地区最大小时降雨量达 50 ～ 100 毫米，郑州城区局地最大小时降雨量达 120 ～ 201.9 毫米（20 日 16—17 时）；河南郑州、新乡、开封、周口、洛阳等地共有 10 个国家级气象观测站日雨量突破有气象记录以来历史极值。

针对河南省防汛抢险救灾工作，国家防总启动防汛Ⅲ级应急响应，全国各政府、企业纷纷向灾区伸出援手，这其中就有 H 星尔克这家具有民族大义 / 家国情怀的企业。

2021 年 7 月 23 日，笔者下班后刷抖音发现热点事件"H 星尔克自身经营困难仍然向河南灾区的受灾人民捐赠 5000 万元帮助灾区人民"在抖音持续发酵，引起广大网民的关注及讨论。

7 月 24 日早上，笔者向内部同事打听拿到 H 星尔克物流负责人 L 总的联系方式并迅速进行电话陌拜。

"L总，您好！我是××公司的C××，很高兴认识您。昨晚刷抖音了解到贵公司近期给河南灾区捐款的义举。今天给您电话一是表示对咱们公司这种民族大义企业家精神的敬佩，二是后续贵司在供应链履约交付、运输仓储方面若有碰到需要支持的地方，我公司这边也一定不计成本全力以赴地协助和支持您。"

如愿和H星尔克L总加上了微信并预约第二次在线沟通的时间。

8月16日与L总线上电话会议进行双方公司层面的了解互动。

8月18日微信互动拿到L总详细的供应链交付需求。

9月两家公司签署正式合作合同，启动了仓配业务的合作。

回顾与H星尔克成功合作的案例，总结出以下几点：

1. 笔者及时关注行业动态事件，并第一时间对事件后续的影响做出预判，提前预判客户在互联网上爆火以后，未来的销售订单定然会呈指数级的增长，对应的供应链履约交付挑战也会更大，并且及时做出响应。

2. 笔者同客户建立沟通的初心是出于对客户企业家精神的敬佩并愿意从专业的角度去支持帮助这种具有家国情怀的企业更好地进行客户履约。

3. 笔者在与客户建立沟通渠道后，后面与客户保持频繁的互动，随时了解客户在供应链交付端遇到的困难并且快速地提供解决方案以响应客户需求。

几年后的今天在总结这个案例的时候感慨颇多，同时对于孟子所提倡的"得道多助，失道寡助"这句话又有了新的理解。

1.营销人员是这个社会上接触面、影响人群最广的部分群体之一，因此良好的道德情操、正确的价值观尤其重要，这个也决定着您未来事业的天花板。"正知、正见方能成正行、正果。"

2.从践行社会主义的终极目标——共同富裕的角度来看，营销人员也在大大影响着且会加速社会的财富再分配过程，因此，未来会是一个全民营销的时代，营销思维也不仅只在我们的工作当中有所体现，在我们的生活中、人际关系处理中也都会无处不在。

创富知识小科普：

爱国情绪：中医讲人有非常重要的三要素，"精气神"，国民的爱国情绪是一个国家的"气"。没有国，哪儿来的家？哪儿来的企业？哪儿来咱们个人的幸福生活？

前面笔者多次提到社会情绪它具有"传导性"，从 H 星尔克案例以及近期知名企业家（娃哈哈宗老）所引起的社会各界人士的爱国情绪，我们可以更加确切地看出，社会情绪它具有"传导性"，而这种"爱国情绪的传导性"恰恰也是我们这个国家现阶段破除一些社会现象所最需要的。

最近一直在思考中华民族为什么能够屡屡屹立于世界之林？

我想大概是因为我们从秦汉时期就形成的"中华民族大一统的国民共识"的深厚底蕴以及具备"自我更新迭代、升级"的这种强大"文化基因"吧，前者能保证我们不被彻底抹除，而后者则能让我们快速适应时代需求并迅速崛起。当国家、民族一旦到了有危难的时候，各自为政，互相看热闹、理性甚至冷漠，到最后都是无法独善其身的；相反，当每次出现危机时，大家都能够团结一致、上下同欲、同仇敌忾、一致对外时，反而会有非常惊人的效果。

如此，中华民族方能经久不衰。

第二章

内卷破除之创新篇

内卷破除篇：

1. 创新篇

背景介绍：×总为国内某快消饮料品牌巨头企业的物流负责人，由于行业属性，公司每年都有物流降本压力，笔者从朋友（郭总）处了解到该公司的实际情况后，后经郭总介绍和×总加上微信后，主动向×总打招呼问候。

"×总，您好！很高兴认识您。"

"C总好，之前听郭总提起过您，幸会。"

"谢谢，郭总上次和我提到您公司近期准备找一家有实力的物流承运商来承接华南地区的中短途配送这块，所以我就毛遂自荐，让郭总帮忙引荐您，冒昧打扰，还请您见谅。"

"哪里有打扰，我们欢迎有实力的公司来合作，我和您简单介绍下我们的物流情况。目前在华南各个省都有省仓，主要的业务形态就是围绕省仓对省内的各经销商、KA客户进行区域配送，没实力的公司可能还真不一定能够承接得了我们家的业务。"

"怎么说？"

"郭总应该也有简单和您提过，我们公司目前运作的物流价格非常低了，甚至有部分和我们合作的大物流商是公司补贴在做的，没有补贴肯定是亏损的，但有一点比较好，我们的货量还可以，另外结款也快，您要和我们合作，这个业绩营收肯定能增涨起来。"

"大概了解，您说的大物流商应该是采取合同物流中比较传统的层层外包出去给他下游的供应商模式吧？"

"是的，难道你们不是？"

"我们的有点不一样，听您说现有的承运商的运作模式后，针对您这个项目，我们有比较大的信心做好啦。您看这样行不，您把现有在运作的报价给我参考下，我评估下可行性。您公司不是有物流降本需求嘛，虽然我'不提倡甲方企业以成本为导向'，但是在力所能及的情况下，尽量满足您的要求，您看怎样？"

"可以呀，稍后我把我们现在合作的价格给你，我们今年期望在现有合作的价格基础上整体降3个点，不过目前还没有供应商可以实现。"

当天，笔者收到了客户提供的报价并拉通内部财务、运营、车队管理等相关同事进行项目评估。

三天后，笔者通过微信给了客户反馈，确定能承接业务并预约了×总时间上门现场沟通汇报。

见面当天，笔者和×总就项目的创新模式进行了介绍，让客户相信笔者公司有能力也有实力帮助客户在降本的同时把项目服务做好，笔者向客户的汇报主要围绕以下几点：

1. 合同签署：合同合作期限必须大于三年。

2. 新能源车辆投入：笔者公司采取投入新能源新车替代传统油车的模式来进行项目运作。

3. 车辆运作模式：一车一司机、一日二配。

4. 司机合伙人模式：以三年为周期和司机签订合作协议，笔者公司与司机的合作模式主要有以下三种。

1）公司投入新车，司机按照传统的领工资的形式每个月固定领薪水。

2）司机合伙人模式：公司提供固定的货源以及新车，司机可以付 3 万元新车意向金来合作每天的货物运输，公司每个月给司机固定发工资的同时，公司提供的新车司机合作满三年可以直接把价值 15 万元的新车开走（合作满三年车辆所有权由公司转移到司机个体，前提是司机交 3 万元意向金，具体意向金多少由公司根据车辆的三年折旧价值来定），也可以选择把合作前交给公司的 3 万元退回，然后回归到 1 领固定薪水的模式）的合作模式。

3）公司采取以车辆租赁方式招募司机合伙人的模式：对于有干劲拼劲的司机，公司提供新能源车辆并按照 3000 元 / 月的方式租赁给司机使用车辆（如果司机不愿意购买车的情况下），司机在保证项目每日固定货量运送完成的情况下，可以自由支配车辆的使用权。可以额外承接笔者公司以外的任何业务（如额外跑货 × 拉、晚上把车租给别的司机跑别的项目——适合夫妻档、朋友合伙租车）。

笔者向客户汇报完该项目的新模式后，× 总表示有信心与笔者合作。主要基于以下两点原因：

1. 在油价高企的运输时代，新能源车辆确实能降低企业的运输成本。

2. 笔者公司在该项目的利润除了项目的收入来源，还有额外的卖车、租车收入，所以客户不担心承运商会降低服务质量来承接业务。

一个月后，×总和笔者签订了三年的正式合作合同。

两个月后，项目正式启动。

通过该案例，我们发现：

再普通的物流运输，只要我们用心做、创新做，也可以做出卓越。

这几年跑市场发现身边同行、客户谈得非常高频的一个词"内卷"，那如何打破这种非良性的竞争呢？

习近平总书记曾说过："创新是引领发展的第一动力。"破除"内卷"的最有效方式就是创新。

创富知识小科普：

企业 / 产业链 / 行业内卷产生的原因及破除之道：

前面的章节提到内卷一词，这里笔者试着来分析下这种现象。首先，我们要知道内卷的定义：内卷一种"过度竞争"的社会现象。那为什么会过度竞争呢？是竞争者蜂拥而入导致的产业链 / 行业赛道拥挤，还是竞争者因为看好产业链 / 行业赛道疯狂扩大产能导致的产能过剩？抑或是赛道内的企业长期处于安逸状态不去升级产品服务而导致产品随着时间推移而自然贬值、折旧？嗯，以上三点都有。

所以，笔者认为产业内卷 / 行业内卷具有以下三个特点：

1. 同质化严重。

2. 赛道拥挤（竞争者看好赛道发展蜂拥而入）。

3. 产能过剩，产品随着时间变迁自然贬值/折旧。

那原因找出来了，笔者这里就谈谈自己的浅见（解决方案）。

1. 同质化严重。1）创新（如何创新请参照笔者下面列举的熊彼特在《经济发展理论》一书中的五大创新方式。2）品牌升级（后面笔者会有专门的"产业链升级"章节针对一个简单的服务产品以及品牌如何升级（高端化）来做详细阐述）。

2. 赛道拥挤。1）创新（任何一个产品/服务创新都能让您重开一条新赛道。2）政府建立赛道（产业链/行业）销量预测机制进行市场需求预测，适时公布市场动向，引导资金、企业有序进入及退出赛道，使产业链企业可持续健康发展（无形的手和有形的手相结合）。

3. 产能过剩，产品随着时间变迁自然贬值/折旧。销量预测，通过产业链大数据平台搭建的销量预测机制来引导市场供需关系的平衡，也能从源头上减少过度投入的生产资源浪费，不至于出现严重的产能过剩及短缺，进而稳定市场价格。（具体产业链的销量预测如何搭建，笔者后面的"产业链优化"章节会进行详细阐述）。

这里我们先回归如何创新：

熊彼特在《经济发展理论》一书中分享了五大创新方式：

1. 采用一种新产品或者一种产品的新特征——××、××的脱脂牛奶。

2. 采用一种新的生产方法、工艺——××花生油的"5S物理压榨"。

3. 开辟一个新市场——××高主打低碳、环保年轻用户市场。

4. 实现任何一种工业的新的组织——××康准时达的"VMI+JIT"供应链模式。

5. 原材料或半制成品的创新——茅台镇的水生产的茅台。

这里也同时再引用德鲁克在《创新和企业家精神》一书中提到的如何在企业内创新的几个关键步骤：

1. 营造"创新的氛围与环境"：首先，组织需要创造一个允许失败、鼓励尝试和接受风险的环境。这样的氛围能够激发员工的创造力和创新精神，使他们愿意冒险尝试新的想法和方法。

2. 明确创新的目标：创新应该始于对组织目标的清晰理解。只有当员工明确知道组织的目标和愿景时，他们才能有针对性地进行创新，确保创新活动与组织的发展方向保持一致。

3. 培养跨学科思维：提倡培养跨学科的知识和技能，鼓励员工从多个角度和领域思考问题。这种跨学科的思维方式有助于发现新的创新机会，并促进不同领域之间的交流和合作。

4. 注重实践与应用：创新不仅是理论上的探讨，更需要将创新思想付诸实践。他鼓励员工将创新想法转化为具体的行动计划，并在实践中不断调整和完善。

5. 持续学习与改进：最后，德鲁克认为"创新是一个持续不断的过程"。组织需要保持对外部环境和内部条件的敏感性，及时调整创新策略和方法。同时，员工也需要"不断学习"和提高自己的能力，以适应不断变化的市场需求和技术发展。

内卷破除篇：

2. 创新篇之共享小微仓

背景介绍：笔者当时所在的公司主营合同物流，在国内的一二线城市基本都有仓库，属于全网型的合同物流企业，每年过完"双 11""双 12"后一般都是物流行业的淡季，在这期间，仓库的闲置空间就会比较多，所以每年一到这个阶段，老板就会采取各种方式进行填仓：仓租打折、给予半个月／一个月的免租期等各种方式进行仓库促销。当老板在会上宣告完今年的填仓促销政策时，笔者想到了前段时间投标时帮忙提供仓源的同行 Z 总。于是就主动找到老板。

"老板，上次参加快消品行业 ×× 公司的投标，因为咱们在天津没有仓库，然后您当时给我介绍了 Z 总，您还有印象不？"

"怎么？他那边也没仓库？"

"不是这个，这不刚才看您讲咱们年底的促销政策，我就突然想到 Z 总他们公司和我们不是战略合作的关系嘛，萌生了一个想法，或许可以解决咱们淡季的这个仓库填仓问题。"

"什么想法？说来听听。"

"Z总他们公司也和我们一样,在全国有很多的在运营的仓库空出了很多空间,咱们可以和Z总公司一起来联合招商。"

"咱们现在自己公司的闲置空间都租不出去,你还想着帮Z总招商?他们现在本来和我们就是战略合作关系,算是我们的盟仓,资源这块是随时可以互相调用的,问题是我们现在自己的都租不出去,你哪来的精力来帮Z总招租?"

"老板,是这样,我的想法是咱们联动Z总公司的闲置仓库空间打造一个新的遍布全国一二线城市的仓储产品,这个新的仓储产品并非针对传统的KA客户,咱们把目光聚焦在中小微企业及个人用户的仓储需求上来。"

"嗯,详细说说?"

"我们物流行业仓储这块平时对外接客一般半年起租,面积太小了也不租,但其实这些年国内很多做跨境电商、国内电商的中小卖家,他们经常会有这种小面积、临时性的存储需求,另外像国内一线城市房租比较贵,很多家庭甚至个人就有这种短周期的货物存储需求,我的想法是针对这部分仓储客户需求的'长尾效应',我们打造一款新的产品来适配市场上这部分客户的需求。这款新产品主要围绕以下几个点来做:

1. 一平起租。

2. 一天起租。

3.To B仓配一体、To C(一件代发、仓配一口价)。

4. 仓配状态卖时可视。

总的来讲,咱们这个产品主打三个客户群体:

1. 大客户的临时性中转仓储临时性需求。

2. 中小微客户的小面积仓储需求。

3. 个人用户的房租替代性储物需求。

另外最重要的就是系统方面，我们需要开发一款便于合作合同签订以自动快速结算的系统出来。这样咱们就能区别开传统仓储业务的签约审批长、结算周期长的模式，做到随进随出；同时针对 To C 发货需求的客户打造一个仓配一口价的极简报价新模式提供仓配一体服务。营销上咱们就联动每个城市的创客中心的物业一起来做，定位是打造成中小微企业创客中心的五星级储物仓。"

"你这想法不错，我觉得可行，这个新产品的打造比我们促销打折要好，值得尝试。我下午就找 IT 团队的同事商讨系统解决方案的事，看在技术上怎么实现，另外你也想想这种模式下与友商的合作模式怎样执行才能更有效。（主要在库存管理、成本结算、配送资源、数字化管理方面）"

"好哩。"

一个月后，经过公司各部门的群策群力，利用自身及同行闲置仓库空间打造的共享小微仓模式已经基本成型。

两个月后，笔者公司的小微仓产品模式正式开放迎客。

通过该案例，我们发现：

"长尾效应"在各行业都存在，物流行业也不例外，细分到物流领域的仓储产品也是一样，目前这块依然存在行业的痛点，从另一个角度来看，它也是行业的机会，谁能解决这个痛点，谁就是下一个独角兽。

创富知识小科普：

共享小微仓："共享小微仓"是一种新型的仓储服务模式，它允许多个用户共享同一个物理仓库空间，并通过智能管理系统进行高效的货物存储、管理和配送。这种模式的出现，旨在解决传统仓储行业中存在的资源（仓储空间）浪费、成本高昂、效率低下等问题。

在"共享小微仓"中，每个用户都可以根据自己的需求租赁一定面积的仓库空间，并通过智能管理系统进行货物的入库、出库、盘点等操作。系统可以实时监控仓库内的货物情况，包括货物数量、位置、状态等信息，并根据用户的需求进行自动化的调度和配送。

与传统的仓储服务相比，"共享小微仓"具有以下优点：

1.降低成本：多个用户共享同一个物理仓库空间，可以降低单个用户的仓储成本，提高仓储资源的利用率。

2.提高效率：智能管理系统可以实时监控仓库内的货物情况，并进行自动化的调度和配送，大大提高了仓储和物流的效率。

3.灵活性高：用户可以根据自己的需求随时调整租赁的仓库面积，以适应业务的变化。

4.便于协作：多个用户共享同一个仓库空间，可以方便地进行货物的集中管理、分拣和配送，提高了协作效率。

目前，"共享小微仓"已经在一些城市得到了广泛的应用，并成为仓储服务领域的一种新趋势。未来，随着物联网、大数据等技术的不断发展，国民的消费意识不断升级后，相信"共享小微仓"将会得到更加广泛的应用和发展。

　　2023 年，习近平总书记在新时代推动东北全面振兴的座谈会上首次提出了"新质生产力"的概念，区别于传统的生产力，新质生产力不仅是指劳动能力，还包含创新能力。新质生产力的关键是"新"与"质"。所谓"新"，是指不同于一般意义上的传统生产力，是以新技术、新经济、新业态为主要内涵的生产力。所谓"质"，是强调把创新驱动作为生产力的关键要素，以实现自立自强的关键性颠覆技术突破为龙头的生产力跃升。

　　（笔者在"内卷破除之创新篇"这里就不放过多案例了，全书从头到尾创新的案例有很多，下面重点讲"内卷破除之产业链优化的探索）

第三章

内卷破除之产业链优化的探索

内卷破除之产业链优化的探索：

1. 白话"供应链"（供应链的战略意义）

"C老师，我记得您是做物流的，请问您知道物流和供应链有什么关系吗？"

"物流是供应链里面非常重要的环节。供应链是一个很大的概念，它包含了物流、资金流、信息流、商流等。"

"我举个例子哈。×××是一家电子产品的代工厂，它与它的上游客户、下游供应商是不是有很多的贸易环节，这个就是商流。×××产品是不是要对它的客户的产品进行存储、打包，并且运输交付到世界各地，这个是物流。×××作为一家这么大的公司，它内部有很多部门需要进行信息传递，它与供应商之间、客户之间也会有很多信息需要传输，这就是信息流。同时它每天的运作需要和供应商客户之间、客户之间进行很多的资金流通，这个是资金流。"

"那您这么说等于没说呀，按照您的这个说法那供应链就基本上方方面面都涵盖了呀。那我再请教下您，如果评判一家公司的供应链做得好不好呢，有哪些量化的指标？"

"有指标，但是具体的量要依据行业的属性来看，不同的行业这个量是不一样的，企业的不同发展阶段这个量也是不一样的。而且现在科学技术（生产力在提升）每天都在发展变化，这个量化的指标也并非永恒固定不变的，企业也只能用现在的指标和过去的指标进行对比，未来的指标和现在的指标进行对比。"

"那您说下具体有哪些核心指标？"

"供应链有三大指标：库存周转率、交付及时率、呆滞库存率等其他指标。这里面库存周转率是行业普遍认为最重要的一个指标。"

"为什么库存周转率这么重要呢？（库存周转率是在某一时间段内库存货物周转的次数，是反映库存周转快慢程度的指标。周转率越大表明销售情况越好，企业的资金回流周转越快，经营管理也越健康）"

"因为那和企业的现金流息息相关哪，一个企业（产业链）只有库存转起来了，现金流才能转起来呀，你想下，如果一个企业（产业链）一天到晚光生产，但是仓库里面的货物却没有卖出去，没有转起来，久而久之，那些仓库内的存货是不是会有变成呆滞库存（落后产能）的可能性？而呆滞库存就是吞噬企业现金流的重要因素，这个就是之前为什么我们国家的领导层要进行供给侧改革、去库存、去落后产能的原因了。"

"嗯，这个我以前还真没想过，看来供应链确实对于企业管理来说至关重要哈。那您觉得该如何提升企业的供应链能力呢？"

"数字化，国家高层已经为我们企业指明方向了，这两年国企就身先士卒走在数字化转型的前头。未来中小微企业也会越来越意识到数字化的重要性的。"

"为什么数字化那么重要？似乎现在各行业都在搞数字化，大模型真的那么重要吗？"

"当然了，我再举个例子哈，最近×××的新能源智驾版的车销量不是暴涨嘛，为什么那么多人要买它呢，因为它的智能驾驶呀，那智能驾驶如何能实现呢？因为有大数据嘛，只有给算法喂足够多场景的大数据，它未来的智能驾驶精准度才会越来越高，企业产品在市面上的竞争力也才会越来越强。同理，产业链也是一样，上海市政府牵头引进×××所带起的鲇鱼效应也激活了中国新能源汽车产业链的发展，未来这个产业链沉淀在原材料、生产、售后、无人驾驶等新能源汽车细分领域中的大数据就是我们国家在该领域的核心竞争力。现在中医把脉都能通过大数据诊断仪实现了，未来各行各业的运作会逐渐地不那么依赖人的经验了，足够的大数据、通过算法的自主学习，就能让模型瞬间变成经验老到的资深从业者，给出专家级的建议来'赋能'我们的日常工作。所以，'未来企业与企业、产业链与产业链、国家与国家之间的竞争，即是供应链与供应链之间的竞争，更是大数据与大数据之间的竞争'。"

"哇哦，我现在终于知道国家为什么要推数字化了。"

"扯远了，供应链是个大话题，且让我以后通过案例给你慢慢讲……"

下面，咱们先来讨论下拉式供应链和推式供应链的区别。

创富知识小科普：

拉式供应链和推式供应链是两种不同的供应链管理模式，它们的主要区别在于生产和分销活动的驱动机制：

推式供应链（Push Supply Chain）：在推式供应链中，生产过程主要基于对市场需求的预测进行。制造商首先根据历史数据、市场趋势以及内部销售目标等信息预测未来的消费需求，然后按照这些预测来组织生产。产品制造完成后，会通过分销渠道推向下游客户，即从生产商到批发商再到零售商，最后到达消费者手中。这种模式下，库存通常在供应链的上游累积，以便快速响应预期的需求，但过度依赖预测可能导致库存过剩或供应与实际需求不匹配的问题。

拉式供应链（Pull Supply Chain）：拉式供应链则是以消费者需求为驱动力，只有在接到实际订单后才开始或加速生产过程。信息流自下而上流动，也就是说，需求信息从零售商或最终用户那里反馈给上游供应商，再由供应商据此安排生产和配送。实施精益生产和即时制造（Just-In-Time, JIT）的企业常常采用拉式供应链策略，以减少库存成本，提高运营效率，并确保更准确地满足实时需求。这种模式减少了因需求波动导致的库存风险，但也要求供应链有高度的灵活性和快速反应能力。

总的来说，推式供应链侧重于预测驱动和计划生产，而拉式供应链强调实际需求拉动和按需生产。在实际操作中，许多企业会结合两者的优势，实施"混合型供应链管理策略"。

那企业／产业链如何从推式供应链向拉式供应链或者混合型供应链转型呢？这个也是提升库存周转率的核心……

后面的章节笔者会为您逐一阐述。

中国产业链优化的探索：

2. 库存周转提升——路径篇

背景介绍：Z总为国内美妆行业头部品牌上市企业物流负责人，因为总裁对他的工作KPI指标的考核，Z总最近几年对合作的物流承运商进行轮番降价，目前在运作的价格已经基本上没有啥压缩空间了，笔者之前拜访过Z总几次，每次都因为Z总给的价格太低而没有合作成功，近期Z总又主动找笔者谈想要合作的事。

"C总，我们最近东北区域经销商的配送运作得不是很好，您这边有没兴趣，要不咱们来合作合作？"

"还是之前那个价格吗？如果是之前那个价格，很难合作呀，不赚钱甚至还有亏损风险。"

"要不您给推荐一家可靠的物流承运商来试试？"（来自Z总的回复）

"可以是可以，但是照您这个情况下去，您有没有考虑过以后您家的货在市面上的口碑会越来越差，您以后享受的物流服务也会越来越差的（最后也一定会影响您企业的品牌效应的），甚至以后没人愿意接都是有可能的。"

"老板要求降本这个是硬性指标，价格都在财务那里备案着呢，我也暂时没办法。"（来自 Z 总的回复）

"我觉得您可以把关注点放在仓库上面，您现在在全国有多少个仓库（包括自营仓、经销商仓库）？"

"我算下哈，我们现有自营仓就三十多个，基本上覆盖了每个省份，经销商仓库的话这块就更多了，没有具体统计，怎么着也有上百个。"（来自 Z 总的回复）

"您知道同行业的其他公司您这个体量仓库有多少个吗？"

"多少？"

"不超过十个，所以您这个仓储网络这块就有很大的优化空间了，仓储网络和供应链的库存周转就有很大的关系，仓库数量过多，您的整体库存周转的时间就会长一些，长此以往，呆滞库存、过期库存也会越来越多。仓库过多就很难在资源和管理上形成规模集约效应，另外还有一个很重要的问题，系统在库存周转方面也很重要。总结起来您公司现在在库存方面的问题主要是两点：

1. 仓网规划不合理，仓库数量太多、整体库存周转过慢。

2. 仓库管理需要通过系统全盘管理，对全国的具体 SKU 没有一个智能化的分析，部分渠道（经销商）的库存不透明，有比较初级的效期管理制度，但是缺乏全局的效期系统管理，且针对临期商品没有比较好的处理渠道。

刚好这两个问题，我们公司就能帮您解决。非常符合我公司'一盘货'的解决方案。"

"什么是一盘货？我看现在行业很多公司都在说一盘货，真有那么大用处？"

"一盘货的本质就是通过提升企业的库存周转率进而提升整个上市公司的市值，具体的路径就是：通过重新布局仓网规划，提升库存周转率进而降低平均库存持有成本，进而降低整体运营成本，达到提升每股收益率及盘活企业现金流的目的。这里展开讲一下平均库存持有成本主要包含以下几点：

1.库存的管理成本：需要人员去管理。

2.库存资金成本：资金占用的产生成本（如果把对等价值库存资金放银行都有对应的利息收入的，所以库存的资金成本是最高的）。

3.库存的空间成本：（需要场地进行存储：我们常说的仓租）。

4.库存的时间风险成本：随着时间的推移会有贬值的风险，或者变成呆滞物料的风险。

（以上四点摘自程晓华《制造业库存控制技巧》）

整体路径如下：

所以：库存周转率提升→平均库存持有成本下降/呆滞库存下降→运营成本下降→每股收益率提升/现金流盘活→公司市值增长（企业及产业链同理）。

所以您看，如果这个事做成了，您是不是大功一件，您老板以后估计也不会天天要您去降承运商的物流费了，可见库存周转在供应链管理中的重要性。"（产业链同理）

"C总，你近期准备下方案，方案需要我公司提供哪些数据，我到时安排人员来专门跟进，回头您做完您的方案后，您来公司我们做一个细致的交流，您把方案和我讲透彻，如果真的可

行，我到时把您的方案汇报给董事长。"（来自 Z 总的回复）

"好哇，那太好了。"

当天 Z 总就拉了微信交流群，并安排人员专门跟进方案调研所需要的资料、数据。

两周后，笔者拉通内部团队输出整体的解决方案给到客户。

一个月后，Z 总公司决定启用笔者公司的解决方案，进行仓网布局、重新规划设仓。

两个月后，Z 总公司华东地区首个区域 RDC 开仓，而笔者也和 Z 总公司开启了仓库管理、配送这块的物流业务的合作。

一年后，Z 总公司成立了供应链大部门，Z 总由原来的物流负责人晋升为供应链负责人。

通过该案例我们会发现：

1. 合作一定是双赢的，"双赢的格局也才有稳定的质量保证"。将欲取之，必先予之。

2. 当被某个点困住时，应该跳出圈来，从更高、更全的视角重新审视，或许会有不一样的发现。

创富知识小科普：

存货（库存）：在说库存周转率之前我们先理解一个词"存货"，存货是企业在日常的生产经营中拥有的用来准备出售的产品或商品，其最基本的特征为：企业持有存货的目的是出售，而不是自用和消耗。因此，存货的管理质量体现了企业存货资产的赢利能力、变现能力和周转能力。通常认为，在没有缺货交付的前提下，存货流动资产比例越低约好，也就是存货越少，企业的流动资产机构越趋于标准。

存货周转率（库存周转率）是指企业在一定时期内存货占用资金可周转的次数。存货周转率不仅反映了企业的经营管理效率的高低，而且反映了企业资金利用效率的高低。存货的周转速度越快，企业的盈利就越大。

它影响到企业的短期偿债能力，是整个企业管理的一项重要内容。一般来讲，存货周转速度越快，存货的占用水平越低，流动性越强，存货转换为现金或应收账款的速度越快，资金成本就越低。因此，提高存货周转率可以提高企业的变现能力。

那如何提升企业/产业链的库存周转率呢？大家可以先想想，这个也是产业链优化的核心。

中国产业链优化的探索：

3. VMI 模式的创新应用 1——以柜代仓——车轮上的仓库（Warehouse On Wheel）

背景介绍：H 总为国内某大型国企供应链物流负责人，笔者从朋友处了解到 H 总最近一直散播消息在外找仓库，找距离工厂 5 公里内的仓库，原因是公司在新能源业务板块的发展过快，导致产能大增，原来工厂内的原材料仓库已经严重超负荷运作，近乎爆仓的状态，急需找仓库来消化这块的库存压力对工厂进行及时补货，笔者知道该消息后，从朋友处拿到客户联系方式，主动联系 H 总。

"H 总您好！我是 ×× 公司的 C×，很高兴认识您。"

"C 总您好！朱总（给笔者联系方式的朋友）昨天给我电话了，幸会。"

"是呀，说起来也是缘分，上次和朱总喝酒的时候他提起您公司最近在工厂周边找仓库，我就厚着脸皮让朱总帮忙介绍您，看看有没有可以支持到您公司的地方。"

"哈哈哈哈哈，C 总主动来支持我，帮我分忧，我高兴还来不及呢，您这边在我们工厂周边有合适的仓库资源？说实话，这周边我都找了一圈，实在是没找到合适的场地，如果您这边有仓库，那真是帮了我大忙了。"

"仓库资源这个我还真没有，不过我有办法解决您现在面临的这个问题，不知您感兴趣不。"

"嗯，想必我公司的问题朱总那边已经和您细说了，说说您的想法。"

"不知道您听说过×××旗下准时达的 VMI+JIT 模式不？"

"听说过一点，您可以详细说说。"

"我们做供应链的都知道供应链管理有几个非常重要的指标：

1. 库存周转率。

2. 呆滞库存率。

3. 及时交货率。

它这个模式就是围绕核心企业（×××）设计一种实现原材料零库存的交付模式，让产线要货有货，还能及时对产线进行快速补货的物流交付方式。"

"这个模式具体是怎么操作的呢？"

"在×××的工厂内部园区或者距离工厂园区比较近的地方设立原材料仓库，让供应商把供货给×××的原材料放到园区或者园区周边的仓库里面进行存储，所有的原材料在上产线之前的所有权属于供应商，只有货物上产线后，原材料的货权才会从供应商转移到×××，这样就实现了一种'要货有货，不要货的时候零库存'理想供应商库存的管理模式。"

"嗯，这个我以前大概听说过一些，但是这个模式对我们公司现在面临的问题算不上解决办法吧？从您的介绍来看，这个模式它还是需要设立仓库的呀，我公司现在面临的问题就是工厂5公里以内的地方都找不到合适的仓库，我现在都打算自己建仓库了。"

"理解您现在情况的紧迫，急需一个合适的存储空间来安置您急剧增长的原材料库存，我的想法是存储空间不一定只是仓库，我们用别的方式来替代也行，比如柜子。您现在在工厂5公里以内的地方找不到合适的仓库不代表您在工厂5公里以内的地方找不到空地，我的想法主要分为以下几点：

1. 用海运柜在您工厂周边设立一个柜厂（柜子可以用租赁的方式来解决）。

2. 把一些出货比较多的 SKU 放到这个就近的柜厂的柜子里面来进行存储，达到以柜代仓的目的。

3. 运输方面：准备海运柜托头及短驳车辆来进行货物从柜厂到工厂的调拨，实现及时交付（JIT 模式）。

4. 系统方面：布置一套新的 WMS 系统用来实现仓库物料的min/max 管控，进行原材料的最大和最小安全库存预警和管控。

以上就是我根据您公司现有的业务场景所想的初步的解决方案，这个方案比新建仓库的周期要短很多，看您感兴趣不？"

"谢谢 C 总，您这方案我看可行，本身我们公司的货物对存储环境也没有太高的要求，所以柜子也确实能代替仓库，不知道您是怎么想到这么好的解决办法的？是在哪本书上看到的吗？推荐给我，我也去看看。"

"其实这个不是我想出来的，也不是在哪本书上看来的，我也是照搬别人的方案，这个是咱们国内一家老牌的物流企业（×××物流）的项目经验，它们在这块就有非常成功的实践经验，当初×××物流就是用此模式与×××来进行合作的，我也是无意中想到的，觉得和您现有的业务场景会比较匹配。"

"不错不错，您看什么时候方便，咱们约个时间，带您公司的团队来我这边交流下，期待您的到来。"

"好哩，我回头把这个方案的一些具体内容再细化下，预计 PPT 下周一可以完成，您看我下周一下午过去拜访您，方便不？"

"可以的，那咱们就下周一下午见。"

"好哩，我很期待下次见面。"

一周后，笔者同公司团队上门拜访 H 总进行了详细的方案汇报。H 总现场决定启用该方案。

一个月后笔者和 H 总公司正式开始了部分爆款物料以柜代仓 + 短驳运输的合作启动。

通过该案例，我们发现：

任何模式的创新都并非无中生有，所谓的创"新"，就是熟能生巧的那个"巧"，如何能巧？熟的量变就形成了巧的质变。《道德经》也讲：洼则盈、敝则新。把旧的东西吃透了，搞懂了，您才能产生新的东西。

创富知识小科普：

VMI+JIT：VMI（Vendor Managed Inventory）和 JIT 是两种现代

供应链管理策略，它们分别侧重于库存管理和生产计划的不同层面，并在实践中常常结合使用以提高效率和减少浪费。

VMI（供应商管理库存）：

• VMI 是一种供应链管理模式，其中供应商而非购买方负责监控和管理库存水平。供应商根据买方的实际消耗数据、销售预测以及双方协定的补货策略来决定何时何地补充库存。

• 通过实施 VMI，供应商能更准确地预测需求并提前安排生产和运输，从而降低缺货风险和过量库存成本，同时提高客户服务水平。

JIT（准时制生产）：

• JIT 是一种源于汽车行业的生产理念，其核心原则是在需要的时候，只按需要的数量生产或提供所需的产品或服务，尽量避免任何形式的过剩库存。

• 在 JIT 系统中，每一个生产环节都精确地按照后续环节的需求进行生产，强调连续流、拉动式生产系统以及零缺陷的质量控制，减少过度生产、等待时间和库存积压等问题。VMI+JIT 结合应用：当 VMI 与 JIT 相结合时，可以形成更为紧密且高效的供应链协同效应。供应商通过 VMI 模式实时掌握客户的库存信息，根据 JIT 的原则制订精准的生产和补货计划，确保产品在客户需要的时候刚好送达，实现供需无缝对接，最大限度地降低成本、提高响应速度和运营效率。

总结起来，该模式优势就是：要货有货，不要货时实现核心企业的原材料零库存，并且能对核心企业的产线快速及时响应，提高生产效率。

　　该模式最大的不足之处就是在核心企业同等采购量的前提下，会增加供应商的物流仓储费用，因此需要核心企业有足够的"采购量"，供应商才愿意配合。

中国产业链优化的探索：

4. VMI 模式在快消行业中的创新应用 2

背景介绍： Y 刚担任某国资委旗下大宗商品交易平台大客户部业务负责人，公司旗下的主营产品有白糖、代糖、米面粮油等其他大宗商品。Y 近期一直在为如何把大宗这块的营业额给做上去而苦恼，Y 和笔者是比较好的朋友，两人偶尔会有微信电话往来互动。

"Y 总，最近有没有开发啥大客户进行大批量交货的？给我点物流做做。"

"没呀，今年白糖行情不行啊，价格已经跌了很多了，近期客户都是在观望的状态，总认为白糖的价格未来还会更低，所以整个白糖大宗这块贸易的量就是起不来，大家都想着抄底买在最低价，观望情绪很浓。"（Y 回道）

"那这样下去也不是办法呀，到年底，你哪来业绩向总裁交差呀，那 ××× 在华南不是有工厂嘛，你们做进去没有？"

"做是做进去了，但是贸易量不是很大。"（Y 回道）

"怎么可能，他们家是世界五百强的快消企业呀，你光是把他们一家的量供好了，你今年的业绩就很容易完成了。"

"理是这么个理，可是理想很丰满，现实很骨感哪，关键这个量怎么样才能做上去嘛，市场上做大宗白糖贸易的公司那么多，人家凭什么只采购我公司的，而不采购别人家的呢？"（Y总回道）

"要不我给你支个着儿，你听说过 VMI 模式吗？"

"听过，VMI 不是应用在电子或者汽配领域吗，我记得×××旗下原材料管理就是用的 VMI 模式（就是在×××的代工厂附近设立一个原材料仓库供原材料供应商使用，供应商把要卖给×××的货物存储在×××周边的这个原材料仓里面。等到产线上需要补货了，×××采购会向原材料供应商下单，供应商这个时候就把提前存储在代工厂周边的仓库里的货物交付到×××的产线上，只有等到货物到达产线上，这笔货物的货权才从供应商手里转移到×××手里，货物没上产线之前，货权还是属于供应商的，核心企业×××通过这种模式，可以实现原材料的零库存管理，要货有货，因为仓就在代工厂附近嘛，不要货就是原材料的零库存。×××通过 VMI 的模式极大地减少了传统采购模式的那种囤货的风险）。"

"是呀，既然您懂这个，那这种 VMI+JIT 的模式在达×能这样的企业同样适用呀。你可以在它们工厂附近设个仓库，就专门来存储你要给它们供货的白糖，这时候它们产线一旦缺少原材料了，你家仓库距离产线那么近，第一个还不是想到你们公司呀，这样其他的供应商就会被你远远地甩在后面咯。"

"咦……好像真是这么回事，我只需要把我原来在广州的中心

仓搬到我这个大客户工厂附近来不就可以了嘛。"（Y总回道）

"对头！到时记得把白糖运输的物流交给我做哦。"

两个月后，Y总使用了笔者给他找的仓库，并把从广西、云南糖基地到仓的物流交给了笔者来做。

总结以上案例，我们发现：

以往一说起VMI就会想到汽配、电子领域，当我们打开思维后，您会发现，它其实在其他行业、领域也都有比较有效的应用。

创富知识小科普：

VMI+JIT模式在产业集群中的创新应用：通过以上两个VMI案例的创新应用及概念普及，大家应该对VMI模式有比较深的印象了。这个模式虽然能帮助核心企业实现原材料库存的优化，但是需要极其严苛的条件才能做，什么条件呢？

核心企业的信誉度、影响力以及最重要的就是货量（采购量）支撑（上一章节结尾笔者也有提及）。为什么呢？因为你都没有足够大的采购量，你的原材料供应商为什么要配合你来做VMI+JIT模式呢？你是方便了，但是这给供应商增加了仓储存储成本。我本来把我的货好好地放在我自己的工厂，我现在为了配合你核心企业这种VMI模式，我需要把我的货从我自己的工厂拉出来放到你核心企业的工厂周边仓库存着，这个仓租费及库内操作费是不是算我的额外成本？同时还会额外地增加我的呆滞库存的风险率，你说是不是？这个也是笔者了解到身边很多行业头部客户都搞不成VMI的根本原因，你确实是行业头部客户，你有影响力，但是你的采购量能和×××比吗？那是否这个就无解了呢？

这里笔者也谈一下自己的浅见（解决方案）。

笔者刚分析了<u>根本原因在于采购量</u>，当你的采购量上来了，供应商会主动找你来做。

那如何来提升采购量呢，<u>我一家企业的采购量确实不大，那如果多家同行业的客户的采购汇聚到一起呢？那如果整个行业、产业的采购量都汇聚到一起，采购量是不是就上来了？</u>

没错——<u>建立城市级别的大产业集群。</u>

目前，国内已经有几百个产业集群组织，但是产业集群（VMI+JIT）的这种模式到目前为止还没出现过。就拿上文案例中的白糖客户，如果我们把其他食品饮料相关的头部及中腰部客户全部规划在某一个城市的同一个区域，那我们是不是可以在这个区域的中心建一个大型的原材料仓储中心，用 VMI+JIT 的模式吸引供应商入驻呢？在提升整个产业制造的协同效应的同时，还能实现国内该产业链供应商群体的汇聚，以及从根本上也从源头上降低整个产业链原材料的库存浪费，提升整个产业链的原材料库存周转率，<u>还能以此集群打造整个产业链的大数据交易中心</u>（在后面发展供应链金融文章中我会提及建立产业/行业维度大数据中心的重要性），从而为实现产业链的销量预测，快速交付以及用产业链大数据赋能中小微企业的供应链金融产品的风控，从而解决中小微企业的融资难问题。

以上是笔者的浅见，在此笔者也欢迎大家提出更好的产业链优化建议，期待您的分享。

中国产业链优化的探索:

5.供应链金融(中小微企业融资篇)

背景介绍:× 光电为全球某液晶显示屏品牌旗下经销商,显示屏这个行业有个特点,库存周转相对比较慢,导致很多企业在现金流方面都会比较不充裕。其中 × 光电公司就是其中一家。Z 总为该企业的供应链部门负责人。

"Z 总,您这边近期有没有大项目交付需要运输仓储这块的支持呀,我们公司近期在华南这边设了一个很大的电子产品行业仓,距离您现在的办公地点比较近哦。"

"真的假的,有多近?你们这个仓库目前有哪些客户入驻啦?"

"华 × 光电、康 × 佳都是我们的合作客户,您有空的时候可以过来仓库这边指导指导工作,看下我们在显示屏的存储管理这块有没有要优化的地方。"(说着笔者就把仓库的定位发给了 Z 总)

"C 总客气,指导不敢当,我刚看了定位,确实还蛮近,改天我有空了过去您仓库学习下。"

"好哩，期待 Z 总的到来。"

一周后，也没见 Z 总约笔者，笔者就主动给 Z 总发去信息。

"Hi，Z 总，我们近期上了一套新的数据管理系统——供应链控制塔，可以对仓库的所有发货订单情况进行可视、可控、可预警，也能对库内的 SKU 的情况做整体的智能化分析。您本周要是有空，可以来仓库这边坐坐，到时我用数据大看板给您展示下。"

"好哇，刚好我们最近也在做数字化，到时可以过去学习下经验，这样，我周三下午过去吧。"

"可以，那咱们就周三见。"

周三如约见到了来仓库参观的 Z 总，一起来的还有 Z 总公司的副总裁 H 总，笔者现场给客户做了数据集成系统方面的展示并向客户介绍了仓库具体的运作情况。介绍期间，笔者提了一句："H 总、Z 总，我们公司近期针对合作仓配的客户还推出了一个新产品，叫库存融资，就是只要客户的货物放在我们公司的仓内，我们就可以针对客户仓内货物的价值给到客户接近仓内货物货值的低息贷款，不知道您身边的同行朋友有没有感兴趣的？"

"怎么说？可以详细介绍下你们的这个新产品，如果利率合适的话，我们或许有合作的机会。"（来自 H 总的搭话）

"那行，仓库也参观得差不多了，咱们现在去会议室，我让负责金融产品的同事给您详细汇报下。"

"好！"

一个月后，笔者与该客户启动了存储＋配送的合作。

两个月后，该客户通过存储在笔者仓内的货物质押申请到了笔者公司的金融贷款。

总结该案例，不禁想到之前一位行业前辈对笔者说的一句话，你能满足客户的一个服务，你就只能是诸多服务商之一，但是如果客户需要的多个服务你都能同时满足，你就有可能不是之一，而是唯一。同时，笔者也发现平时我们说的捆绑销售思维原来在供应链领域也适用。

创富知识小科普：

供应链金融：它是一种金融服务，以核心企业为中心，围绕着核心企业的上游客户以及下游供应商提供的一种金融服务，目前市面上主要有以下几个细分产品：

1.存货质押融资：指需要融资的企业（即借方），将其拥有的存货作质押物，向资金提供企业（即贷方）出质，同时将质押物转交给具有合法保管存货资格的物流企业（即中介方）进行保管，以获得贷款的业务活动，是物流企业参与下的动产质押业务。

2.仓单融资：指申请人将其拥有完全所有权的货物存放在商业银行指定的仓储公司，并以仓储方出具的仓单在银行进行质押，作为融资担保，银行依据质押仓单向申请人提供经营与仓单货物同类商品的专项贸易的短期融资业务。

3.应收账款融资：指企业将赊销而形成的应收账款有条件地转让给专门的融资机构，以获得所需资金，加快资金周转。

4.应付账款融资：应付账款是一种由买方主导的融资方案，融资提供方通过购买应收账款的方式向供应链中的卖方提供融资。应付账款融资和应收账款融资的主要区别在于主导方不同，应收账款融资主导方是卖方，而应付账款融资的主导方为买方。

5. 订单融资：指企业依靠信誉良好的买方签发的订单进行融资，款项用于采购原材料、组织生产，然后交付给买方，企业在收到货款后立即偿还贷款。也称为装运前融资。

供应链金融产品作为传统金融产品的一种重要补充，为中小微企业的融资提供了便利，是打破中小微企业融资困境的非常有效的手段，所有的制造业、商贸流通企业在物流这块都是刚需，因此通过物流环节的渗透链接到中小微企业的融资是非常有效的手段之一，发展供应链金融产品也能更好地助力产业链网络的可持续协同发展，从而推动国民经济的发展。

上述五个供应链金融产品目前在供应链企业中使用最多的产品是存货质押融资和应收账款融资，"订单融资相对较少"（主要源于核心企业及银行对这块的风险不能有效监控——那这个问题如何解决呢？下面笔者会提出自己的解决方案），笔者从这些年接触的供应链金融客户来看，发现这些供应链金融产品目前存在以下两个痛点：

1. 覆盖的品类非常少，融资难：基于风险方面的考虑，资金供给方对于资金需求方的产品选品非常严苛，目前市面上只有少数高流通、高周转、高货值属性的产品比较容易通过核心企业 / 银行的风控审批流程拿到资金供给方的贷款，比如：快消酒水、显示屏、半导体电子类产品。

2. 资金需求方融资成本高、利率高：由于诸多的资金经手环节，导致最后中小微企业到手的资金成本非常高昂。

那针对以上两个痛点笔者作为行外人士也谈谈自己的浅见

（解决方案）。

1.政府牵头国内平台公司建立以产业/行业维度的大数据交易平台，通过政府搭建的产业链大数据平台对市场参与方（供给及需求）的交易数据进行闭环统计，从而通过该平台上中小微企业的交易数据对供应链企业/核心企业/银行的供应链金融产品的风控体系进行赋能（相当于用产业数字化的方式帮助中小微企业建立数据资产（2024年1月1日起，财政部《企业数据资源相关会计处理暂行规定》正式施行），从而用政府产业大数据平台上监管的数据资产向银行进行低息融资），从而惠及更多的行业、品类，从广度上解决广大的中小微企业融资难的问题。

2.更多的商业银行下场来联动供应链公司/平台公司建立以"商业银行为主导的"供应链金融产品体系，供应链公司协助银行搭建基于物流仓储为中心的资金风控体系（供应链企业帮助银行揽收的同时也能从中获得物流运输仓储收入及资金客户介绍佣金收入，所以这是一个双赢的事）。也能从根本上降低中小微企业的融资成本高的问题。

以上是笔者的拙见，欢迎大家指正，也期待各位行内资深专业人士提出更有效的建议。

中国产业链优化的探索：

6. 中小微企业数字化转型之 SaaS 篇

背景介绍：笔者所在的公司近期研发了几款供应链 IT 产品（供应链控制塔、TMS、WMS），号召全国所有的 KA 团队在销售平时物流产品的同时也大力推广新的 IT 产品，一段时间后，笔者发现近期公司的新 IT 产品几乎没什么销量，于是就主动找到老板沟通。

"老板，我看了下近期咱们新产品的一些销售数据，很不理想，几乎没什么销量。"

"你认为是什么原因呢？"

"我觉得销售人员的宣传、培训以及激励制度是很重要的一方面，更重要的就是咱们的销售方式可以再创新一些。"

"嗯，怎么说？"

"以往咱们每推出一个新的产品，都是先内部宣传，然后对销售人员进行产品培训。这个方式对传统的物流运输、仓储相对标准化的产品来说比较好，但是这次咱们推出的是 IT 产品，专业性会强一点，我们现在 99% 的销售人员没有 IT 背景，所以很多产品的基本功能，他自己可能都不是很懂，即使你有很好的激励制度，但是对于一个他们自己都不是很懂的东西，想要把这个销量做起来也会很困难。"

"你有什么好的想法？"

"传统的销售是一对一的，我想咱们这次可以尝试下一对多的论坛、峰会形式的营销。比如，以'智慧供应链'为主题搞一个线下一天制的论坛交流的方式先试试效果，备一些茶点、中餐及小礼品，让销售人员邀请他们各自负责的客户来公司参加论坛讨论，由我们的对应的每一个细分产品的负责人来论坛上进行演讲及新产品发布，同时咱们邀请一些各行业的头部企业客户分享他们公司在智慧供应链领域的想法、探索和实践，也邀请我们目前合作达的几个新客户上台来分享他们在使用我们的新产品后的体验，通过这个论坛会议的方式，系统宣传我司产品的同时也给我们一次机会和客户高层面对面沟通，进一步深挖客户合同物流方面的需求。咱们最先可以在深圳这边做试点，邀请部分客户来公司以线下论坛的方式举办，那如果这次论坛后有效果的话咱们再把这个做成一个全国一年一度的高峰论坛营销式的新模式，每年专门选一个城市，定星级酒店并专门申请一定的预算来做。"

"嗯，这个方式我们可以尝试下，其他还有什么建议吗？"

"我们目前推出来的一些 IT 产品（供应链控制塔、TMS、WMS），基本都是一些本地化部署按需按功能开发的大产品，这不是马上旺季要来了嘛，我觉得咱们可以针对每个产品开发一些 SaaS 版本的标准化产品出来，给来论坛与会及其他有兴趣的一些潜在客户及中小企业群体开一个产品的试用账号，给予一周或者一个月的试用期限，让客户亲身体验了解产品的一些相关功能，客户体验产品的相关功能后成本和管理效率上确实受益了，那自然不愁卖不出去。"

"可以，C 你这思路不错，我觉得可行。还有更重要的一点，就是通过和客户的交流、讨论，我们收集市场上客户对于智慧供应链的一些想法，他们的意见对我们的产品完善、迭代很重要，我们是乙方，做的产品是给甲方企业使用的，也只有他们的反馈能进一步优化我们的产品，把我们的产品打磨得更完美。这个事就交给你去做，大胆去做，需要什么支持就直接找我。"

"好的，谢谢老板支持，我马上就开始筹备。"

一周后，笔者联动公司城市销售负责人确定下来具体营销方案并内部拉通相关产品负责人取得了一致的支持。

一个月后，以"智慧供应链"为主题的城市论坛如期召开。通过该次论坛，城市业务区论坛后期陆陆续续签约了若干个 IT 系统方面的合作合同，同时，也开启了部分客户合同物流业务的新合作。

通过该案例，我们发现：

营销可以是一对一的，也可以是一对多的。杠杆思维在营销中同样适用。

创富知识小科普：

中小微企业数字化工具之 SaaS 软件：SaaS（Software-as-a-Service）软件即服务，是一种基于互联网提供软件应用的模式。

在 SaaS 模式下，软件供应商将应用程序部署在云端服务器上，并通过网络（通常是互联网）向用户提供访问和使用服务。用户不需要在本地计算机或自己的服务器上安装和维护软件，只需通过网页浏览器、专用接口或轻量级客户端即可访问并使用这些应用程序。SaaS 软件的主要特点包括：

1. 订阅制付费：用户根据实际需求订购不同的服务层级，支付周期性订阅费用，而非一次性购买永久授权。

2. 多租户架构：一个集中式的应用程序实例能够服务于多个客户，每个客户的数据隔离且安全。

3. 零维护成本：所有的软件更新、升级、安全维护等工作由 SaaS 提供商负责完成，用户无须关心软件基础设施的维护工作。

4. 可扩展性：用户可以根据业务发展情况轻松调整所使用的软件资源和服务等级。

5. 随时随地访问：只要具备互联网连接，用户可以在任何地点、任何设备上登录账户并使用软件功能。

6. 快速部署与迭代：用户可以迅速启用新的软件服务，而服务商也可以迅速地进行产品迭代和新功能发布。

SaaS 软件广泛应用于各种行业和领域，如 ERP（企业资源计划）、HRM（人力资源管理）、CRM（客户关系管理）、协作工具、财务管理、项目管理等。这种模式特别适合中小微企业，因为它降低了 IT 投资门槛和技术运维压力，同时也受到大型企业的青睐，因为它们可以利用 SaaS 模式优化资源配置和提高运营效率。

前面笔者提出通过政府打造产业链大数据平台的构想，产业链大数据平台链接大型企业的数据比较容易（产业链头部及腰部企业现在已经普遍意识到数字化转型的重要性且有能力自建数字化），作为产业链条上非常重要的组成部分，中小微企业的数字化又如何来实现呢？自建服务器？成本太高不现实，那如何用"轻量且有效"的方式来实现中小微企业的数字化呢？SaaS 系统就是笔者的解决方案。

这里也欢迎各位数字化行业资深人士给出更有效的解决方案，期待您的建议。

中国产业链优化的探索：

7. 合同物流混改篇（国企＋合同物流撬动产业链数字化转型篇）

背景介绍：H总为××医疗公司的供应链负责人，××医疗为国内主营医疗器械类产品的头部企业之一，公司产品辐射国内外的医院、经销商及医疗机构，国产替代的大潮下，××医疗这些年来发展迅猛，跻身行业前列。笔者之前参与过该公司的物流招标，并且中了部分业务标的，一直有在合作。某天，笔者心里萌生了一个想法，于是就找到H总。

"H总，您看咱两家公司已经合作快两年了，您觉得我们公司的服务怎样？"

"很不错啊，去年你公司不还是我们的年度优秀供应商之一嘛，都给你们颁过奖的，为什么会这么问？"

"嗯，这两年和您接触下来我也发现您公司目前的物流团队人员也不少，挼近40人。我在想如何让我们两家公司在医疗器械这个领域的供应链能力在社会上发挥更大的作用以及效益，也在想通过什么样的方式来深化咱们两家公司的合作。也让您未来有更大更好的发展。"

"不错哦，没想到 C 总把我都考虑进去了，那我得听听了。"

"我是这样想的哈，你看你们公司作为医疗器械领域的头部企业，在这个行业有很多的上下游产业链的资源，有供应商资源（含原材料、半成品供应商资源，也包含物流承运商资源），也有稳定合作的客户资源，这个是您公司的优势，那我公司呢，通过这两年和您公司的合作呢，我们也积累了非常丰富的医疗行业的供应链运作的经验，解决了这个行业的很多物流运作痛点问题，比如送货上楼、代收货款，包括交货送医院、体检中心这些特殊机构，需要注意什么我们都积累了丰富的经验，同时呢，我们还有一个很大的优点就是我们公司作为主营合同物流多年的乙方，积累了大量的物流资源（包含物流运作资源和系统服务方面的能力），同时也积累了一批经验丰富的物流业务人才。"

"所以，你想把咱们两家公司的优势整合到一起？"

"对的，您看咱俩就想到一起去了嘛。"

"那你通过什么样的方式来整合呢？"

"行，那我就不和您兜圈子啦，我的想法是咱们两家公司成立合资公司，我这几年也发现很多的甲方客户他们在主营业务增长到了一定的瓶颈期后也在寻找企业新的利润增长点，我知道的就有很多鞋服行业、电器行业、电子行业都在慢慢地从企业物流向物流企业转型，我觉得这个对于咱们这个特殊的行业群体，对于您公司都是一个很大的机会，您把自己的业务做好的同时也能把这部分的物流能力孵化出来为公司创收、为行业赋能。我们公司也能通过与您公司合资把医疗器械这个细分领域客户做多，市场做深，您个人也能通过这个合资公司朝着更广阔的面发展，我觉得这是一个三赢的事，您觉得呢？"

"嗯，您的这个想法很大胆，不过也很诱人，我需要考虑下怎么向董事长及董事会汇报。让公司掏钱需要董事会同意的。"

"理解，这样，我这几天会把这个合资公司的事写成一个商业计划书，我到时写完了发您，到时咱俩再讨论下怎么修改。"

"好，期待您的计划书。"

一周后，笔者将写好的商业计划书给到 H 总。

一个月后，笔者就这个提议对董事长进行了专门的汇报并取得了董事长的同意。

三个月后笔者公司老板带队同 H 总公司董事长进行了会面，签署了合作协议。

半年后，合资公司成立，H 总为合资公司总经理。

通过该案例，我们发现：

1. 营销，本身就是一个资源整合的事，学会取长补短，一加一的效应可能会大于二，穷则变，变则通，通则久。未来的供应链物流一定会朝着精细化的方向发展，与时偕行、顺势而为，当流量遇上专业化的运营，再有营销的加持，也许就能碰撞出无限火花。

2.《易经》有云：居敬思道，则可谓贤矣。要认真观察事物的发展规律，从中找出成功的道路。营销人员是接受资讯最多的群体之一，也是接触机会最多的群体。

创富知识小科普：

企业物流转型物流企业：相信通过上面的案例大家已经对"企业物流转型物流企业"有了一个大致的印象了。总结起来就是指甲方制造业及商贸流通企业的物流部门发展成一家（甲方企业除了经营自己公司的物流业务的同时也去市场上揽收同类型业务场景、同行业的物流业务）市场化的物流公司。那大家想一下是不是所有的企业都适合将自己的物流部门孵化出来做一家物流公司呢？如果不是的话，那具体什么基因的企业适合这么做呢？笔者总结了以下四点基因：

1. 业务流量：核心企业拥有链接丰富的上下游资源的能力（比如像 T×L，它的末端有非常丰富的客户资源分布在全球各地，它的前端又有大量的供应商资源）。

2. 资金流量：前面章节我们说了中国合同物流企业发展壮大最大的阻力就是资金和数字化能力，所以要想孵化出来物流公司必须要有强大的资金能力（在银行系统拥有强大的授信额度的企业，比如国企、行业头部上市企业）。

3. 业务团队、专业化、精细化的行业物流运作的能力（民营合同物流企业）。

4. 一批具有高专业度的物流业务人才。

满足以上四点基因，那么这家制造业／商贸流通企业它就适合从企业物流转型物流企业，但是这样的企业在市面上不多。

这里咱们再重温下前面章节提到的中国民营合同物流企业（供应链企业）发展壮大的两大掣肘：一是资金，二是信息化能力，在这个章节笔者将给出自己关于这个问题的浅见（解决方案)。

　　讲解决方案之前我们先说一个咱们国家非常重要且伟大的一个政策——混改。

　　混改：指的是国有企业通过引入非国有资本（如民营资本、外资等）来改革国有企业的体制、机制和管理模式，从而激发企业活力，提高经济效益和社会效益。

　　相信大家都猜出来我的解决方案是什么了。

　　国有企业牵手民营合同物流企业（供应链企业）进行混合所有制改革。通过国有企业的强大的资金流量能力和上下游资源链接的能力以及数字化的能力赋能中国合同民营物流企业的发展壮大，走向世界。同时利用民营合同物流企业（供应链企业）的业务能力、专业化的运营能力赋能国有企业在供应链业务层面以及企业数字化 IT 解决方案/Saas 系统方向（中小微企业客户）来进行业务创收，也通过该路径来达到国有企业内部的供应链优化升级的目的。

　　前面章节中我们也提到了合同物流企业是社会数字化转型的中坚力量，是链接社会各环节极其重要的组成部分。因此笔者认为合同物流企业的数字化建设在未来会越发重要。

　　现实中笔者知道的很多合同物流企业哪怕规模不小，但是在信息化建设这块的投入却不舍得花费，国有企业这几年走在企业数字化转型的潮头，我相信它们的结合也能推动并且加快民营物流企业数字化转型的进程，进而推动和带动全社会产业链的数字化进程。

　　所以通过国有企业混改合同物流企业帮助合同物流企业进行

数字化能力的建设进而链接到产业链上下游更多的中小微企业实现整个产业链的数字化转型（搭建产业链大数据中心为产业链的销量预测及中小微企业融资进行赋能）。

以上纯属笔者不成熟的建议，具体情况还是要进行更为细致的项目分析来评估其可行性。也期待大家的指正和您所属行业专业的见解。

中国产业链优化的探索：

8.销量预测篇

背景介绍：××西饼是国内主营糕点、茶饮的连锁企业，在国内有上千家直营门店，L总为该公司供应链板块负责人，一次和朋友聊天了解到该公司目前的数字化程度比较低，平时门店的一些补货基本都是靠门店店长的经验来进行的，由于糕点的保鲜时间比较短，所以企业会出现门店陈列产品浪费比较严重的情况，笔者通过朋友的介绍和L总互加了微信。

"L总您好！我是××公司的C×，很高兴认识您。"

"幸会C总。上次郑总（双方共同的朋友）和我说了您公司具备帮助企业搭建数字化的能力，这个确实是我们公司目前的短板，正需要向你们这些优秀的企业多学习。"

"您客气了，和您了解下，您公司目前主要想通过数字化解决您企业的什么问题呢？"

"我们公司是主营糕点和饮料的，其中糕点是主营产品，品牌定位主打'新鲜'，现在的问题是全国这上千家的门店每天的糕点浪费情况很严重，现有的门店每天的补货基本都是靠店长依据过往的经验来预测补货数量的，这个您知道的，和拍脑袋做决策没啥大的区别，经验丰富的老店长还好点，公司现在每年在全国开门店的速度越来越快，所以我们急需通过数字化能力的建设来解决这些问题。"

"大概了解了，您遇到的这个问题也是主营糕点、果蔬门店行业的普遍问题，我们公司现在在科技这块已经有比较成熟的解决方案了。"

"那太好了，不知道咱们公司是通过什么样的方式来解决这个问题的？"

"是这样，我们可以帮助您公司搭建一个供应链数据中台，这个数据中台主要通过抓取您公司的进销存数据以及交易前台的数据来帮助企业实现销量预测及补货的。当然这里面其实最重要的就是依据您具体的行业属性建立销量预测模型来实现，像您公司，我们就会从以下维度来建立模型预测：

1. 门店历史销售数据（具体到每一个 SKU 过去半年的销售情况）。

2. 天气环境维度（下雨天出来买糕点的就会少一些）。

3. 新增竞对的情况以及竞对位置的情况（门店就近的位置新增了竞对就会被抢夺销量，瓜分市场）。

4. 历史促销情况（历史促销的数据对下一次促销的销量有一定的参考作用）。

5. 爆品的销售情况。

6. 其他影响因素。

通过各种维度的模型建立再结合算法就可以每天给您公司具

体到每一个店铺的详细的补货建议，通过我们之前给其他客户做的结果来看，准确率还是比较高的，店长对于系统提供的销量预测数据采纳率可以达到 90% 以上。通过把需要补货的数据下发到您的供应链执行系统（TMS、WMS）中去来实现智能补货。同时我们也发现随着数据的不断累积及维度的不断扩展，通过机器自主学习算法的应用，它的预测的准确率是在不断提升的。"

"看得出来 C 总对这块很专业，您公司这块的经验正是我们所需要的。"

"您谬赞了，我就懂点皮毛，我们的技术人员那才是真的专家，要不您看这样行不，咱们约个时间，我到时邀请公司算法、系统相关的专家一起去您公司现场交流下，看下能否为咱们公司的数字化建设添砖加瓦。"

"好，期待，我到时和总经理确定好时间后和您说。"

"好哩。"

一周后，笔者拉通内部相关同事前往客户公司，和客户总经理、供应链、营销、IT 板块的高层进行了面对面、坦诚且翔实的沟通。

一个月后，双方签订了合作协议。此后启动了系统、运输、仓储等全方位的合作。

通过该案例，我们发现：

1. 和一个企业合作最好的方式，就是从企业的痛点开始，它可以是物流痛点，也可以是营销痛点，它可以是各个维度的，只要能帮助企业解决现有发展过程中遇到的问题，你就能建立你在客户心目中的专业形象。

2. 合作之道，贵在"知彼"。《孙子兵法》有言：知彼知己，百战不殆；不知彼而知己，一胜一负，不知彼，不知己，每战必殆。察客户之所需，知企业之所难。

创富知识小科普：

销量预测：在供应链管理中，销量预测是一个至关重要的环节。它涉及对未来市场需求和消费者购买行为的预测，目的是帮助企业做出更好的决策，从而优化库存管理、生产计划（合理规划产能）和物流配送等供应链活动。

具体来说，供应链管理中的销量预测通常涉及以下几个关键步骤：

数据收集与分析：企业需要收集历史销售数据，这可能包括过去的销售记录、市场需求、消费者购买行为、促销活动的效果等。这些数据可以通过各种来源获得，如销售报告、市场调研、客户反馈等。然后，对这些数据进行分析，以了解销售趋势、季节性变化、消费者偏好等。

预测模型建立：基于收集和分析的数据，企业可以建立预测模型来预测未来的销量。这些模型可以采用时间序列分析、回归分析、机器学习算法等多种方法。模型的选择应根据企业的具体情况和需求来确定，如产品的生命周期、市场需求的变化趋势等。

影响因素考虑：除了历史数据，企业还需要考虑其他可能影响销量的因素，如市场趋势、竞争状况、消费者需求变化、经济环境等。这些因素可能对销量产生重大影响，因此在预测过程中需要充分考虑。

预测结果应用：根据预测结果，企业可以制定相应的供应链策略，如库存管理、生产计划、物流配送等。预测结果的准确性对于企业的运营效率和成本控制至关重要。因此，企业需要定期评估预测结果的准确性，并根据实际情况进行调整和优化。

销量预测不仅是一个技术问题，更是一个"战略问题"。准确的销量预测可以帮助企业更好地满足市场需求，提高客户满意度，同时降低库存成本和运营成本，提升库存周转率。

从国家产业链优化的角度来看，销量预测也能够有效稳定产业链上下游产品的市场价格（供需不至于严重失调），避免产业链/行业过度拥挤以及产能过剩形成恶性竞争，形成产业/行业内卷态势。所以，笔者认为实现产业链的销量预测是破除产业/行业内卷（前面笔者提到了创新是破除内卷的有效方案）另一个行之有效的解决方案。

前面笔者提出打造城市级别的大产业集群进而构建产业大数据平台的构想，那基于产业大数据平台的存在，国家是可以根据全球地缘政治及对应的市场实时情况进行整个产业链的销量预测的，我们把上文企业销量预测改成国家产业链的销量预测，我们从整个全球产业链的视角去建立国家的产业链销量预测模型，基于历史的产业链销量数据、市场趋势、竞对状况、消费者需求变化，经济环境、地缘政治/政策变动等各维度的数据打造国家产业链销量预测模型。从而降低整个产业链的库存成本及运营成本，减少产业链的过剩及呆滞库存，提升产业链库存周转率，进一步稳定和控制产业链产品的市场价格良性增长，提升国家产业链品牌在国际市场的竞争力。从源头上就能解决产业链企业的"内卷"问题，也间接地解决了打工人内卷的问题。

中国产业链优化的探索：

9. 成品产业集群仓（统仓共配）

背景介绍： 总裁让笔者针对华南各个城市的产业带做一个市场分析，以区域为维度，对就近的区域市场的产业进行详细的客户资源盘查。笔者分析完后发现，对于区域市场有共同物流需求的客户群体可以进行产业群客户集体营销。以下是笔者和公司总裁的对话：

"老板，您上次让我做的那个华南区域市场研究，我分析后发现在华南这边有很多城市有非常集中的产业集群，针对这部分区域里的大客户群体我觉得后续咱们可以通过某种方式把这部分大客户的物流需求整合撬动起来，不仅能优化区域产业带的供应链交付成本，也能让咱们公司在细分区域市场建立商业壁垒，后续其他的竞争对手想进来就会很难。"

"小 C，你有什么具体的想法和可行的计划，可以说来听听，如果合适，咱们可以拿出来上会讨论下，可行的话咱们就做。"

"我确实有些初步的想法，比如目前在 ×× 区域的小家电上市公司比较集中，这部分企业都有一个共同的物流需求，就是需要给京东、淘宝等平台进行送仓交货，同时也需要对品牌商旗下全国各城市的经销商、分销商进行交货，而且据我了解目前这部分给平台及经销商交仓物流一直都是行业的痛点（因为补货频次高，并且每次补货的货量少），市面上物流公司在这块做得特别好的，凤毛麟角。咱们可以针对这部分市场需求及痛点输出咱们公司的行业解决方案。"

"嗯，很好，具体要怎么做呢？"

"咱们公司未来不是要在华南这边开仓嘛，我的想法是咱们可以把仓库的位置设在区域产业带的中心位置，打造一个针对小家电行业的集货中心仓，这样咱们就能整合区域产业带大客户的共同物流需求进行集货批量对平台进行交仓了，从而达到统仓共配的目的。同理，我们也可以对部分具有共性需求的客户群体打造供应链金融仓、快消仓、3C电子仓、快消原材料仓、农产品产地仓等诸如此类的仓库，这样以行业、产业维度进行专门投入的仓库在未来的管理上也会更加方便，久而久之，我们也能培养一批细分行业的项目管理、仓储管理人才。行业运营经验的沉淀也将是咱们公司未来的核心竞争力。"

"你这想法确实不错，那客户呢，你有相关的客户资源吗？"

"这点老板请放心，我目前虽然没有区域的全部潜在客户资源，但是那几家大的上市公司这些年来一直都有链接，其他的还没链接到的客户群体我到时会联动行业协会以及主管的政府部门一起去推动这个模式，毕竟这个对整个家电行业的供应链模式也算是一个创新，行业协会也会愿意去推动的。而且做这个事咱们不一定刚开始就要全部潜客户合作，只要和一两个标杆客户建立合作后，后续地区其他同类型的客户就会找过来的。"

"行，既然你这么有信心，那咱们就从这个家电仓试试，这个仓做好了，后续再开你提到的供应链金融仓、3C 电子仓、快消食品成品仓、农产品产地仓。"

三个月后，笔者公司家电产业集群仓开业，当地两家家电上市企业的物流负责人出席了笔者公司的新仓庆典剪彩仪式。

六个月后，又陆续有几家新的客户加入合作，已经形成了成熟的产业配送规模效应。

一年后，笔者所在的公司又在四川、山东等地启动了果蔬产地仓模式。

两年后，供应链金融仓项目也完成了落地。

总结该案例，我们发现：

1. 做大客户我们不仅可以点对点地进行大客户拓展开发，也可以打开思路，从点到面开启拓客新途径。

2. 您能优化一个企业的供应链物流模式，解决一个客户痛点，您或许就能成交一个大客户；如果您能优化整个产业的供应链模式，解决行业的供应链痛点，您未来合作的客户可能就是一个产业群。

3. 善于借助政府、协会等群体组织的力量成交客户。

创富知识小科普：

产业集群下的统仓共配模式：产业集群下的统仓共配是一种物流配送模式，主要适用于产业集群区域，如产业园区、工业园区、物流园区等。该模式通过整合集群内多个企业的物流需求，实现集中仓储、统一配送，以提高物流效率、降低物流成本。

具体来说，统仓共配模式的特点如下：

1. 集中仓储：在产业集群区域内建立集中仓库，将多个企业的货物集中存放，实现统一管理和调度。这有助于减少仓库数量、降低库存成本，并提高库存周转率。

2. 统一配送：通过集中仓库，对集群内多个企业的货物进行统一配送。这可以减少配送车辆的数量和运输次数，降低运输成本，并提高配送效率。

3. 信息共享：统仓共配模式需要建立信息共享平台，实现集群内企业之间的信息互通。这有助于企业更好地了解市场需求、库存情况等信息，以便做出更准确的决策。

4. 协同作业：统仓共配模式需要集群内企业之间的协同作业，包括货物的入库、出库、分拣、配送等环节。这有助于提高整个供应链的协同效率，减少不必要的浪费和损失。

因此：产业集群下的统仓共配模式可以提高整个产业集群的物流效率、降低物流成本，并促进集群内企业之间的合作与协同。同时，该模式也需要建立完善的信息共享机制和协同作业机制，以确保其顺利运行。

这里我们主要针对产业链成品做一些简单的分析。

前面笔者提到了打造城市级别的产业集群的构想，通过在城市产业集群周边设立原材料的 VMI+JIT 模式来提升整个城市产业链生产效率及效能，政府依托于城市产业集群建立产业链大数据平台，通过产业链交易数据平台上下游的交易闭环数据联动银行打造以"商业银行为主导的"供应链金融产品体系，进而解决中小微企业的融资难的问题。

　　针对城市产业集群内的企业生产的成品我们也可以通过在产业集群周边设立成品集群仓来实现城市产业集群内的成品的统仓共配模式（比如在上文案例中提到的设立家电产业仓，统一交付平台自营仓库，以及全国各城市主要经销商的模式），进一步降低社会产业链物流成本，实现产业链成品销售物流交付履约效应的提升。

　　而打造以商业银行为主导的供应链金融产品体系对于原材料仓内的中小微企业（指 VMI 仓的原材料供应商）及后期的成品集群仓内的中小微企业（这里指品牌方的分销/经销商）都适用。

　　章节至此，未来产业链集群规划的大框架构想已基本成型，笔者写这个也并非说某些国家产业集群这块就做得比我们好，在该书面世之前，笔者所提出的这种模式的未来产业集群规划构想在全球也没有哪个国家搞过，大家也都在探索（"内卷""内卷现象"这两个词虽不是源自中国，但是它的广泛传播也反映了中国人民高度的自我反思、求进步的智慧。老百姓说内卷的时候难道他心里不知道内卷不好？他既然知道内卷不好又还说着内卷，就说明想进步嘛）。

中国产业链优化的探索：

10. 仓网规划篇

背景介绍：某国际出行公司旗下事业部在全国有近千家门店，工厂在华南，需要半年后在成本最优的情况下规划设立一个中心仓进行全国门店的货物中转及逆向退件汇总，要求中心仓防火防盗防潮并且基础设施齐全，另需要保证数据安全。

笔者在从销售那里了解到这个商机以后，立马找来销售进行沟通，从销售那里了解到客户新负责物流板块的同事是从内部别的岗位调过来的，之前对物流管理并没有太多的了解，也没有组织物流招标的经验。笔者和销售沟通完后，嘱咐销售做好接下来的几件事：

a）从即日起，立马和客户就这个项目进行互动（即使客户这个项目要在半年后启动），并在互动后期的过程中协助客户具体的招标标准及内部流程制定，中间可以找我要任何一切客户需要的甲方物流管理方面的资料（如对供应商的 KPI 考核、物流行业资讯报告等）。

b）进行价值引导：引导客户目前市面上其他头部企业玩家

在这一块业务场景下是通过什么样的方式来做规划和布局的，给客户树立行业"好"的标准并结合公司相应的能力给客户输出我司的解决方案（从与客户最初互动制定初版仓网规划方案，提供一仓、二仓……六仓选址及辐射方案及后期定稿的投标方案）。

c）制定标准：积极协助客户提前制定内部招标文件并参与客户投标准入标准的制定（结合自身有利的因素协助客户制定招标入围标准）。

d）保密原则：提前找客户签订信息、数据保密协议，让客户放心地使用你的服务。

半年后，客户内部正式对外进行招标，我司销售由于已经提前半年就开始跟进该项目，最终顺利拿下该项目，成功中标客户中心仓、干线运输、配送三个标的。

通过该案例我们知道：

1."抢占先机的重要性"，对于营销人员来说，销售过程中任何的拖延都将是对您合作合同的威胁。

2.如果您碰上了"行业经验"不足的客户，切莫不耐烦，挑客户的毛病。记住，这或许就是给您一个法布施的机会，给您一个在客户心中建立专业度、信赖感的机会。您应该用您的专业让客户变得专业，让行业变得专业。您能让多少人变得专业，您的合同就有多大。

《孟子》成事三要诀：天时地利人和。结合此案例，天时即抢占先机；地利就是有机会协助客户制定标准；人和则是教客户变专业的过程。如果您在做事时满足这三个原则，并且做到慎终如始，则无败焉。

创富知识小科普:

仓网规划:仓网规划是物流与供应链管理中的一项关键策略,是指构建和调整供应链网络上仓库的布局,以提高整个供应链的效率、降低成本,并更好地服务于客户需求,提升履约体验。在进行仓网规划时,需要考虑多种因素,包括仓库的类型、仓库的位置、仓库的数量、仓库的容量和布局等。

目前,市面上没有做仓网规划的企业存在以下几个痛点:

1. 仓网覆盖混乱、跨仓发货现象严重,配送时效不稳定。

2. 全网仓库数量过多导致的仓储及运营成本增高,同时不合理的仓库数量也容易导致全网仓库的呆滞库存增多,进而进一步降低全网的库存周转率。

以下是一些仓网规划的关键步骤和考虑因素:

1. 确定仓库的类型:仓库可以分为不同的类型,如生产仓库、分销仓库、中转仓库等。每种类型的仓库都有其特定的功能和作用。在进行仓网规划时,需要根据企业的业务需求和供应链战略来确定所需的仓库类型。

2. 确定仓库的位置:仓库的位置对供应链效率和成本有着重要影响。一般来说,仓库应该靠近客户或市场,以便快速响应客户需求并降低运输成本。同时,还需要考虑仓库所在地的交通状况、基础设施和人力资源等因素。

3. 确定仓库的数量和容量:在确定仓库的数量和容量时,需要考虑企业的业务需求、库存策略、运输成本等因素。过多的仓库会增加库存成本和运营成本,而过少的仓库则可能导致无法满足客户需求或运输成本过高。因此,需要根据实际情况来平衡这些因素。

4. 设计仓库的布局：仓库的布局应该根据企业的业务需求和作业流程来设计。合理的布局可以提高作业效率、减少库存损耗和降低运营成本。例如，可以根据商品的特性和销售情况来设置不同的存储区域，以便快速找到和取出商品。

总结起来就是：仓网规划是一个专业的事，企业在不同的发展阶段仓网规划的策略也是不相同的。

同理，城市级别的产业链集群中心打造完成以后，后期成品在全国的分仓布局（CDC、RDC、前置仓），就需要用到合理的仓网规划来设计了。

中国产业链优化的探索：

11. 总结篇

背景介绍：H 总为国内某国企供应链板块负责人，之前笔者与客户加上微信后，微信上约过几次客户想上门拜访，H 总以各种理由拒绝了，笔者很苦恼，一直想引起 H 总的注意，直到 2019 年的那个夏天，笔者看到 H 总更新了一个关于股票的朋友圈（朋友圈内容为：黑色星期四，又是为 A 股搬砖的一个月），于是主动给 H 总微信留言……

"H 总，最近股票收益怎么样？"

"亏惨喽，这个月又白忙活了，尤其今天，全仓亏了近 5 个点。"（H 总回复道）

"这个月大盘确实不太稳哈，我这个月也亏了点，不过亏损不多，不到 1 个点的亏损，我的票基本以长线为主。"

"嗯，这行情竟然只亏不到 1 个点，得学学，有啥票推荐吗？"

"我觉得 ×× 可以长期拿。"

"嗯，怎么说？说说你看好它的理由。"

"我虽然不懂现金流估值、每股收益率等估值体系分析那一套，我从一个普通的消费者的视角谈一下我对 ×× 值得长期定投的理解。"

"可以说来听听。"

"1. 奢侈品属性：×× 的定价是目前国内白酒最高端的品牌，每瓶酒的价格在几千上万元不等，尤其有一定年份的老酒，价格更是堪比奢侈品的价格，产品毛利更是高达 90% 以上，妥妥的奢侈品。

2. 供应链库存视角：传统企业其实最怕的就是库存周转的压力，如果库存卖不出去会严重影响企业的现金流，但是这个问题在 ×× 这里不存在，×× 的存货在市面上一直是供不应求，而且囤有一定的库存随着时间的年限，它还能增值（增值的速度甚至一度高于银行利息的收益率），这个在其他零售快消品牌里面几乎不存在。

3. "快消"品属性：和 LV、古驰这些国际奢侈品属性不同的是，×× 酒还具有快消品的属性，它的产品的消费频率会远远高于 LV、古驰这些国际奢侈品产品的消费频率，您可能会一天喝掉一瓶 ×× 酒，但您不会一天买一个 LV 的包包。

4. 基于人性的社交流量"裂变"属性：潜在的消费群体购买 ×× 也会充分利用它的社交属性，您喝几瓶 ×× 在朋友圈晒个照不亚于您买个某 LV、古驰在朋友圈晒照的效果。传播属性可能会更大。

以上是我从一个非专业的普通散户的视角看待 ×× 的长线价值投资属性的，这里也不是给您荐股，投资有风险，入市需谨慎。仅供参考，不一定准确。"

"想不到 C 总对 ×× 这个股票的理解这么深，你刚提到的供应链库存的视角让我印象挺深刻的，我们公司现在产品就存在库存周转率提升的问题，您有啥好的建议吗？"

"这个我就很擅长啊，我们公司针对家电行业已经沉淀了一套成熟的帮助企业提升库存周转率的方法，从企业的仓网规划、库存管理提升到全局全域的系统打通、供应链数字化都有很多成功的实践案例，您要有兴趣的话，咱们可以约个时间当面聊聊？"

"可以呀，这样，你下周四上午带你们公司团队过来，我们现场交流下。"

"好哩，期待和您的见面。"

一周后，笔者带领公司解决方案团队同客户进行了现场面对面的咨询沟通，交流完后，笔者在公司内部正式将该项目立项。

一个月后，笔者根据客户方提供的相关数据、资讯拉通内部进行高度定制化的供应链方案设计。

三个月后，笔者公司所设计的方案在 H 总公司内部通过，决定有计划、分阶段地按照笔者的方案进行供应链改造。

四个月后，笔者和客户签署了合作协议。

半年后，笔者公司与 H 总公司开启了从仓、干线、数字化三个维度的合作。而且合作一直在持续中……

一年半后，H 总公司分析了合作后的供应链效率的提升：其中库存周转率提升了 39%，整体的履约时效提升了 28%，释放了库存资金 28 亿元，取得了部分的阶段性的供应链数字化转型的成果，H 总也因为此项目在公司内部由供应链负责人晋升为高级常务 VP（Vice President，副总经理）。

总结该案例，我们可以发现其中的关键之处在于：

1. 在日常和客户打交道互动的过程中，遇到困局是正常的，不碰到困难才是不正常的，面对挑战、困难，作为公司的营销人员，我们要有破局的勇气，成交的信念。"山重水复疑无路，柳暗花明又一村。""坚持"是营销人员最基础的素养。

2. 面对困局，要观察适合于自己的有利环境并为己所用。笔者通过观察 H 总的朋友圈，发现 H 总对股票有兴趣，并以此为切入点，与 H 总建立了联系并收获了客户对笔者专业度的信任，这表明了借助于外部资讯、资源的重要性。"君子生非异也，善假于物也。"

创富知识小科普：

产业链优化总结篇：前面我们讨论了仓网规划在企业管理中的重要性，接着上一章节的话题，今天我们来探讨如何提升企业库存周转率（这里您也可以把它当作如何提升产业链的库存周转率来看，本质上是相通的）：

1. 第一步——知己：企业要清楚自己的库存状况，我有多少 SKU（Stock Keeping Unit，即库存进出计量的基本单元），我具体这些 SKU 的销量怎么样？哪些 SKU 卖得好，哪些 SKU 卖得不好，有哪些 SKU 即将成为临期商品或者已经成了呆滞品在吞噬企业的现金流，这些库存又分别分布在哪些渠道？哪些渠道的库存是可以共享的？现有的所有的库存在我的供应链网络体系里面是怎么分布的，我用了多少个仓库来存放这个库存，企业只有先对自己的库存情况比较了解后，你才知道在哪些地方有优化空间。——目前市面上这方面的适用于企业的系统工具有很多：WMS、ERP、SAP等，如果从产业链的角度来讲就是搭建企业/产业链的信息化建设（产业链大数据中心）。

2.第二步——全面优化提升。

1）知彼——加强销量预测：通过市场调查和数据分析，预测市场需求变化，提前调整产品结构和库存策略，从源头上减少库存滞销风险。（打造产业链大数据集成中心，为产业链"销量预测模型"做准备）

2）优化升级——合理仓网规划、优化库存管理：实施先进的库存管理理念和方法，如ABC分类法、周期盘点等，确保库存数据的准确性，提高库存管理的效率。（后期城市级别的产业集群完成后辐射全国的成品仓就需要进行合理仓网布局）

3）优化升级——数字化转型——加强信息系统建设：构建完善的信息化平台，实现生产、采购、销售、库存等环节的信息共享，提高决策效率（这个也是笔者建议政府牵头建立以产业/行业为维度的大数据中心的很重要的一个原因）。

4）优化升级——提高生产效率：优化生产流程，提高生产速度和产能利用率，以满足市场需求，降低库存积压（前两章讲的VMI+JIT模式就是提高产业链生产效率，实现产业链生产的"快反效应"的解决方案之一）。

5）优化升级——加强供应链管理：与供应商建立稳定的合作关系，确保原材料和产品的供应速度和质量。同时，优化采购流程，合理安排采购计划，减少库存积压。

6）优化升级——处理呆滞库／临期库存：通过降价促销的方式卖出去？（如果大家都这样，是不是就造成内卷了？因此这里需要慎重）如果您考量到低价促销会影响企业的"品牌形象"，那么可以选择直接捐出去给有需要的人（或地区），这样会更有意义（去落后产能、去过剩库存）。

7）优化升级——压缩／精简 SKU：从产业链维度压缩原材料、半成品相关的 SKU 数量，原材料／半成品环节尽量使用"共享 SKU"（例如：2023 年以前，全球的智能手机充电线接口各式各样，从 2023 年开始，充电接口开始统一全部使用 Type-C），引领全球产业链制造标准。

8）优化升级——提高产品竞争力：研发具有竞争力的产品（研发爆款产品、引领消费新趋势——探索新零售，具体请看下一个大章节"内卷破除之未来新零售模式的探索"，缩短产品生命周期，降低库存周转时间。

9）灵活应对市场变化：根据市场变化，及时调整销售策略和库存策略，避免库存积压（比如：××区域的国家光伏产品开始贸易保护了，停止进口补贴了或者关税调整了，那我们家的某某产品销量预测的系数是否又该调整了？对应的产能规划、排产计划也需要跟着调整）。

10）其他：加强培训／持续改进优化：合理安排融资，降低库存资金占用成本；加强员工培训，提升整体运营管理水平；持续改进：定期评估库存周转率，分析存在的问题，持续改进运营管理。

以上，企业供应链优化与产业链优化同理。

第四章

内卷破除之未来新零售模式的探索

内卷破除之需求创造篇——新零售探索:
1. 前置仓提升履约体验

十月初寒露至,"空庭得秋长漫漫,寒露入暮愁衣单",似乎在提醒我们要买衣裳了,嘿,还有一个月就是"双11"了,想起之前与笔者合作过的某香港上市鞋服企业客户。自新疆棉事件以后,国朝鞋服崛起,销量也迎来了黄金时代。

"T总,咱们公司最近开始备战'双11'了吧,今年有啥不一样的玩法?"

"还不是往常那样,仓库提前找好临时供应商,提前储备车辆资源应对呗。"

"我这边有个新玩法,不但可以缓解'双11'的发货压力,还能提升您前端消费者的履约体验,甚至提升您的销量。想不想试试?"

"说来听听。"

"我们公司不是在全国有很多的仓库和分拨中心以及直营门店嘛,咱们可以在'双11'预售开启之后(消费者已经支付订金但是尚未支付尾款)就提前将今年'双11'收到的预售订单的鞋服产品前置到我们公司在全国一二线的城市仓或者分拨中心（甚至是距离消费者最近的直营门店），在消费者支付尾款之前，我们把物流单在系统先 hold 住，待消费者支付剩余的尾款之后，您的系统把订单推送到我公司的系统，我公司立刻将您已经支付剩余尾款的订单第一时间通过我们就近的派送员进行订单上门派送，距离我们派送点近的，我们甚至可以在消费者支付完尾款之后的半小时内就收到平台购买的订单。如果您是下订单的销售者，您自己收到订单后有没有很高兴的感觉？你的消费订单评价会差吗？同样，这个模式在咱们其他的直播平台也同样适用。T 总有没有兴趣？"

"您这个听起来确实不错哦，这样，您明天上午如果时间方便的话来一趟我们公司，咱们当面交流下。"

"好哩，那我准备下资料，咱们就明天见。"

第二天笔者如约见到了 T 总，将项目的流程、模式向 T 总做了一个详细的汇报。T 总会议现场拍板尝试要做。

第三天，笔者将报价方案给到客户内部审核。

一周后，双方签订合作合同。随后，双方 IT 人员做成系统对接。

11 月初，项目正式启动运作。

"双 11"结束后，T 总内部总结了今年度"双 11"的物流订单。其中消费者体验评价与交付时效双双提升 30% 以上（其中最快收到订单的客户：从支付完尾款到在家收到货只用了 15 分钟），并且退货率较去年"双 11"降低了 5%。这是一次完美的通过前置仓铺货完成的交付合作。

一个月后，T 总将通过我司物流发货的订单比例又提升了 20%。

总结该案例的成功之处，主要有以下两点：

1. 笔者找客户互动的时间点符合"天时"，通过以往的工作经验，知道"双 11"都是甲方企业的"渡劫时期"，精准卡点找客户互动，提供支持。

2. 笔者打破传统供应商的竞争性思维向创造性思维转变，通过尝试"前置仓"新模式让客户尝到甜头，获得信心，进而加大与公司的合作份额。

创富知识小科普：

前置仓：前置仓是一种在消费者 3 ～ 5 公里范围以内设置的中小型仓储单位。

这种模式与店仓一体模式或者传统商超的区别在于前置仓模式不允许顾客到店 / 仓进行消费，而是顾客在线上平台下单之后仓库通过分货、配送等一系列商业行为将商品在 30 分钟之内送到消费者手中。适用于即时配、城配等物流业务场景。笔者认为前置仓有以下优点：

1. 提升客户履约体验：较之传统的中心仓、城市仓模式，前置仓更贴近消费者，是距离的贴近，也是服务的贴近，能够对终端客户的履约送达及回收维修更加快速地响应。

2. 盘活企业的现金流：更快速地履约也意味着更快速地回款，尤其在 To C 的业务形态下。

3. 更小风险的交付：距离近意味着配送短，在途环节少，货损风险小与保质期限短，适用于生鲜果蔬类保质保鲜期短的产品交付。

同时也有缺点：

1. 传统的前置仓大部分都是仓储小面积，但是仓储数量多，因此存储的品类（SKU）数量不多，更适合于应用爆款产品（SKU）的交付。

2. 补货难度大，小批量多频次，对于销量预测的容错率小，预测越精准，前置仓越有优势。

这里笔者给大家留下一个问题，传统的零售模式都是人找货，如何创新地利用前置仓贴近消费者的优势让客户来仓库找货呢？这里您先思考下，后面的章节笔者也会给出自己的解决方案供您参考。

内卷破除之需求创造篇——新零售探索:

2. 仓店合一 + 仓配合作

×总是国内某知名连锁超市供应链负责人,该公司目前在全国共有连锁超市两千余家,×总之前向笔者找过仓库,但是一直没有实质性的物流合作。某天笔者陪家人逛山姆会员店的时候,突然就想到了×总,是否国内企业也可以探索一种类似于仓店合一的新零售模式,于是笔者就主动找到×总沟通。

"×总早上好!近期有需要找新仓库不?"

"暂时不找了,公司目前整体战略是在收缩的,新店亏损比较厉害,不敢盲目扩张店铺数量啊。"

"理解,现在开一个新店确实花费不少,租金、装修、供应链、信息技术、人力等都是成本。店铺位置选得好点回本可能会快点,要是位置不好没有流量很容易亏本的。"

"是呀,所以现在生意难做。大环境不好,大家都在消费降级,日常商品也很难卖出高溢价。"

"不知道您公司有没有在这块上探索优化新模式去进行改变呢?"

"暂时没有，如果减少新店开店数量、裁员算一种优化的话，那我们公司一直都在优化。"

"额……我最近观察了很多生活超市，有一些新的看法，不知您有没有兴趣听？"

"可以呀，学习学习。"

"我觉得您公司可以走仓店合一的模式去尝试尝试。"

"怎么说？像山姆会员店一样？"

"对，模式上大同小异，但是也有区别。"

"人家那是巨头哇，我们目前没有沃尔玛那种品牌号召力。"

"嗯，虽然咱品牌没有人家那么响，但是咱们可以学习人家的优点、人家的创新嘛，万一您以后就成了中国的沃尔玛呢。"

"您觉得那种模式适合我们？"

"嗯，我给您分析分析仓店合一的好处在哪儿，您看完后如果还觉得不合适那我没话说。"

"愿闻其详。"

"前面我提到了正常一个超市店铺的运营成本主要是营业成本，它包括：商铺租金、门店装修、采购、物流运输、信息技术、商店的人工成本，那我觉得仓店合一的模式就能从各方面来进行优化的。

1. 减少仓租成本 / 店面装修成本：无须额外设仓和过多物流中转的物流运输成本（商品无须从区域仓再调拨到超市门店），仓店合一装修这块较之超市门店的装修可以简化。

2. 减少缺货成本：较之传统模式来讲仓店合一的库存容量

大，基本上不会出现缺货的情况。

3. 模式引流：容易让消费者对仓价格属性的"低"进而产生一种对商品性价比高的印象。

4. 商品更全面：可以扩大 SKU 的数量，使品类更全，相较您以往的门店超市运营的数量能更多，客户黏性也会更强。

5. 提升履约率：线上线下的货物出库履约会更丝滑，30 分钟送货到家不是梦。

6. 减少系统成本：传统模式仓和店需要两个系统，仓店合一只需要一个系统即可满足。

7. 库存周转提升：仓店合一的模式能有效减少多渠道库存，提升整体全库存的库存周转率，进一步盘活企业现金流。

以上是我对仓店合一新模式的理解，您参考下。"

"谢谢 C 总的介绍，您今天这个确实给了我们很好的思路参考，回头我找机会和董事长汇报下这个事，思路确实很好，不过这个事我也不能拍板。"

"可以呀，如果您要向老板汇报，结合您公司目前的情况，我建议您从以下几个维度去汇报。

省：供应链各个环节成本的优化（租金、物流、装修、系统）。

鲜：您公司目前生鲜占比不是比较多嘛，我觉得省掉中转仓的环节后，您的果蔬、海鲜产品未来还可以主打一个鲜。

新：模式新，同时咱们可以结合现在新零售场景的一些成功案例，利用咱们仓的空间大的优势在售卖场景中嵌入即卖即食的场景。

广：品类能更广、场景也能更广。

快：线上线下履约服务快。

到时如果您老板有兴趣，可以邀请我公司团队过去交流交流，看看我们公司未来怎么为您公司的新模式做好服务。您时间定好了提前告知我，回头我也约一下我老板。"

"好，您等我消息。"

一周后，笔者收到了 × 总的邀约。

一个月后，× 总公司决定尝试仓店合一新项目并委托笔者寻找合适场地。

半年后，笔者公司与 × 总公司启动了仓配合作。

通过该案例，我们发现：

1. 用你的专业从行业、产业发展的视角去审视身边的商业行为及模式，并且学会成就他人，成就他人就是成就自己。

2. 师夷长技以制夷，西方确实有一些企业管理知识值得我们学习，"供应链"这个词也是舶来品，先复制过来，再创新形成自己的东西，吾辈当勤勉，这也是我们这一辈人的使命。

创富知识小科普：

仓店合一模式，即将仓储中心与零售店面合为一体，是一种越来越受欢迎的商业模式，尤其在新零售、社区团购等领域中应用广泛。这种模式结合了线上线下的优势，旨在提供更高效、更便捷的购物体验。优缺点汇总如下。

仓店合一模式的主要优点有以下几点：

1. 提高物流效率：通过将仓库和门店合并，减少了从仓库到门店的运输环节，加快了货物周转速度，降低了物流成本。

2. 优化库存管理：可以直接根据门店销售情况调整库存，减少了库存积压的风险，提高了库存周转率。

3. 增强客户体验：消费者既可以选择在线下单，享受快速配送服务，也可以直接到店选购，满足了不同顾客的需求。

4. 节省空间成本：相较于传统模式下需要分别租赁仓库和店铺，仓店合一模式可以节省一部分租赁成本；同时空间利用率高，仓库和店铺合并在一起，能够充分利用空间，减少不必要的空间浪费。

5. 促进线上线下融合：通过数字化技术，实现线上线下数据的互联互通，为消费者提供无缝购物体验。

仓店合一模式的主要缺点也有以下几点：

1. 选址限制：需要找到既能满足仓储需求又能吸引顾客流量的合适位置，这在城市中心地带尤其困难。

2. 初期投入高：改造现有门店或新建仓店合一的设施需要较大的初始投资，包括装修、设备购置等。

3. 运营管理复杂：既要保证仓库的高效运作，又要维护门店的良好运营，这对管理团队提出了更高的要求。

4. 库存管理难度增加：虽然可以更灵活地调整库存，但同时也增加了库存管理的复杂性，尤其是在商品种类繁多的情况下。

5. 服务质量挑战：需要确保线上订单的及时准确配送，同时也要维护线下门店的服务水平，这对物流配送和客户服务团队提出了双重考验。

6. 可持续性发展考虑：商家在实现仓店合一模式时，需要充分考虑其可持续性发展问题，确保长期运营的有效性和营利性。

总之，仓店合一模式通过整合资源，提高了运营效率，优化了消费者体验，但在实施过程中也面临着选址、成本、管理等多方面的挑战。企业需要根据自身情况权衡利弊，合理规划和执行。

目前，笔者观察下来，仓店合一模式似乎对于生鲜、果蔬以及致力于打造大空间沉浸式体验的业务场景会适合。而"会员制"则是该模式走向高端的必经之路。

内卷破除之需求创造篇——新零售探索:
3. 直达消费者 D2C

　　× 总为国内新兴鞋服企业物流中心负责人,笔者之前与 × 总在一次物流高峰论坛上认识并互加微信,加上微信后鲜有互动,一天,笔者在一个 D2C 服装公众号上看到了 × 总公司年报营收利润大增,于是笔者就主动找到 × 总互动。

　　"× 总,上次论坛后蛮久没见了,最近忙不?"

　　"谢谢 C 总挂念,最近还挺忙的,公司发展比较快,所以物流也会比较忙,现在年底了,想着重新布局下物流网络,应对未来的履约挑战。"

　　"不错哦,我在公众号上看到您公司在 D2C 领域的探索,你们管理层深得鞋服零售 D2C 的精髓呀,您看有啥需要我这边提供的支持不?有用得上兄弟的地方,必定全力以赴。"

　　"看来 C 总对 D2C 直达消费者模式了解比较多哦,不知您公司目前服务的鞋服品牌有没有这方面的供应链网络布局及履约经验分享的。"

　　"我之前接触过一些国内的头部服装品牌,这几年确实对于

D2C 这块的投入都在加大，对应的供应链布局上确实也相较于往年的传统零售的模式上也会有一些变化。"

"嗯，哪方面的变化，C 总可以分享下，我们也学习学习。"

"有以下几个方面的变化吧：

1. 履约体验的提升：我们知道，退货率高一直是鞋服企业供应链的核心痛点之一，所以通过更快的履约体验提升前端消费者的购物体验，进而降低整体的退货率就变得尤其重要了。

2. 小单快反：消费者意识觉醒导致的对个性化 / 定制化的产品的需求市场激增，鞋服的保鲜期就会大大缩短，品牌上新的频率也会越来越高。小批量、多批次、快速交货的履约需求量就会增多。

3. 直发门店 /C 端客户：传统的模式一般都是在全国多地布仓，实行多仓履约的方式辐射全国的消费者进而提升履约时效，而 D2C 模式下的供应链管理则会更加重视整体库存的管理及消费者履约体验的同步提升，那怎么做呢？我接触到的很多百亿元营收级的鞋服企业会越来越重视总仓直接补货的模式（也就是总仓直发门店 / 消费者：这个模式的优点是能降全域库存），多仓履约的重要性反而会慢慢弱化（弱化而并非弃用）。

4. 重视数字化：通过精细化的运营管控、深化数字驱动决策的能力，实现企业供应链管理、生产制造以及营销渠道等环节的全域链路打通更好地实现产销协同效应，尤其重视企业终端消费者对于商品的实时反馈，及时了解消费者的偏好，以调整新品研发的趋势及侧重点。加快新品研发及上新的周期。

这四点是我目前合作的其他 D2C 这块做得好的客户的供应

链相似的点，您可以根据这些共同点结合您公司的具体情况去调整供应链的网络。"

"谢谢 C 总的分享，您的几点建议很有参考价值。另外您刚提到的数字化这块，目前是我公司的短板，这两年因为公司发展过快，对应的供应链运营管理方面的挑战越来越多，我觉得数字化的建设现在迫在眉睫了。"

"嗯，您现在遇到的问题也是我过去很多客户遇到的问题，数字化这块如果咱们公司有任何需要支持的地方，我公司非常乐意，先不说前端的销量预测算法这些，至少帮助您公司做个供应链控制塔实现物流订单、运营、仓储、工单方面的可视化还是很简单的。"

"可以呀，您看啥时候有空，可以带您公司信息化团队的同事过来给我们诊断诊断。"

"好，我内部和同事确定好时间再和您约。"

一周后，笔者同公司信息化建设的相关同事一起拜访了客户，做了详细的数字化需求评估。

两周后，笔者给客户开通了 SaaS 版本的供应链控制台体验账号，让客户先试用。

一个月后，体验账号权限到期，客户内部决定与笔者公司合作开发一套本地化部署的供应链控制塔系统，以实现订单、库存、运输、工单全环节的可视化管理。

半年后，客户与笔者公司也开启了部分物流的合作。

通过该案例，我们发现：

专业性是与客户建立信任的比较好的方式之一，也会让客户对未来和你的合作充满期待，及时关注行业头部企业最新打法，了解行业发展趋势是让我们快速建立专业性的非常好的方式。

创富知识小科普：

D2C：（Direct to Consumer）即直达消费者模式，也被称为直接面向消费者的销售模式，指的是品牌方或生产商通过自己的电商平台（如官网、小程序等）直接将产品销售给消费者，而不需要通过中间商或零售商。

这种模式的优点在于，品牌方或生产商可以更好地控制产品的品质、价格、推广和服务，从而与消费者建立更紧密、更直接的联系。同时，由于省去了中间环节，产品的价格通常会更具有竞争力，消费者也能获得更好的购物体验。

然而，D2C 模式也面临着一些挑战，如需要投入大量资金建立和维护自己的电商平台，以及需要处理复杂的物流、售后等问题。此外，随着电商市场的不断发展，竞争也变得越来越激烈，品牌方或生产商需要不断提升自己的产品和服务水平才能吸引和留住消费者。

总之，D2C 模式是一种挑战和机遇并存的电商模式，适合那些有实力和决心建立自己的品牌、直接与消费者建立联系的企业。

内卷破除之需求创造篇——新零售探索：

4. 总结篇

背景介绍：L 总为某知名白酒品牌在华南地区的经销总代理，新冠疫情期间，国内消费低迷，手上的白酒存货周转较慢，现金流吃紧，之前笔者和客户对接过，但是由于价格原因一直没有启动合作签约，还有两个月就 618 了，又到了一年一度电商盛典，笔者认为营销的时间点到了，于是主动联系 L 总。

"L 总，最近业务怎么样？"

"销量惨淡哪，勉强撑着，你上次给的那个仓配的价格太高了，用不起呀。"

"您误会我了，我找您是想买点酒，最近不是招待客户嘛，需要备点酒，想着您是 ×× 品牌酒的华南总代，从您这儿拿点货。"

"这样啊，感谢 C 总照顾生意，您这样，晚点我让下面的业务小李联系你，让他给您一个优惠价。"

"好呀，谢谢 L 总，不过您刚说到销量惨淡，我倒是有一些新思路给您，不知您想听不？"

"C总有何高见？"

"高见谈不上，只是平时刷抖音看直播多了，结合我的工作的行业，有一些想法，这里说给您参考下。"

"您说。"

"我平时偶尔会刷刷抖音，然后就看到好多主播就在直播卖产品嘛，其中白酒就是一个经常能在直播间见到的品类，所以我就想嘛，如果您的货物放在我们的干净整洁的自动化仓库里面存储，我再专门给您安排一个卡位，让您公司的主播到我们仓库现场进行'仓播'，再打着'SF包邮或者JD包邮'的宣传直播条幅。您产品本身在高端酱香酒这块的市场就有一定的知名度，加上我们供应端（仓和配）的赋能，我觉得您的酒的销量应该会有所改善。"

"您公司仓库可以直播？"

"可以的，只要客户有需求，我们尽量满足，再说您这个要求又不过分，能满足的。另外，我们针对快消酒水、显示屏等流通性比较好的行业客户还可以提供低息的供应链金融贷款服务，如果您有需要的话，我到时这块也可以让我同事给您出个方案参考下。"

"金融这个你们也能做？"

"可以的，本身我们公司现金流就比较充裕，同时我们和各大银行也有资金方面的合作渠道，针对一些我们合作仓配的优质客户，我们是可以提供这个服务的，而且利率还不算太高。"

"不错不错，这样C总，您约一下你们负责金融的同事，到时约个时间来我办公室喝茶。到时咱们一起把物流、直播、金融这三件事详细地聊一下。"

"好的，那我内部确定好时间后再和您约具体的见面时间。"

"好。"

一周后，笔者带公司团队上门拜访 L 总，并现场签订了物流合作合同。

一个月后，L 总公司的主播正式在笔者公司的自动化仓内进行直播卖货并且开启了供应链金融业务的合作。

两个月后的 618 期间，L 总的产品的日均销量达到了 1500 多单。

总结该案例，我们发现：

1. 当客户和您执着于合作价格时，除了降价这个方式，您还可以从服务的角度进行增值，让客户觉得"价有所值"，问题就能迎刃而解。临渊羡鱼，不如退而结网。

2. 品牌的高端化是企业的刚需，也是全方位的，除了产品的高端化以外，"对应的供应链服务也需要同步升级"。因此，从供应链的视角来看，怎样赋能我们的客户品牌高端化，这也是我们供应链人需要永远思考的问题。

创富知识小科普：

直播供应链具有以下特点：

1. 快速响应能力：直播带货的特点决定了其供应链需要具备极高的敏捷性和快速反应能力。主播们在直播间实时推广商品，观众的购买决策往往迅速且数量难以准确预测，这就要求供应链能够在短时间内完成从订单处理、库存调配、物流配送到售后服务等一系列流程。

2.高效率流转：为了满足直播间的即时销售需求，供应链必须高效运作，减少中间环节，提高从供应商到消费者的物流速度，实现"即看即买"的购物体验。

3.多元化与丰富性：直播带货涉及的商品种类广泛，SKU更新速度快，因此供应链需要有强大的资源整合能力和丰富的商品供应来源，以支撑多品类、快上新的产品线。

4.数据驱动决策：直播电商通常依赖于大数据分析来指导选品、采购和营销策略，通过实时监测销售数据，供应链可以精准预测需求趋势，并据此进行动态调整。

5.强协同性：供应链上的各参与方（如生产商、分销商、物流服务商等）需要紧密协作，确保信息流、物流和资金流的顺畅沟通和无缝对接，从而提升整体运营效率。

6.灵活的金融支持：直播电商的供应链金融模式能够提供多元化的融资解决方案，帮助商家应对短期资金压力，比如快速回款、垫资备货等，保证业务的连续性和稳定性。

7.品质控制严格：由于主播信誉与其推荐产品的质量密切相关，直播供应链特别强调对商品品质的把控，从源头开始就实施严格的品控管理，以维护品牌形象和消费者信任。

8.服务优化：优质的客户服务也是直播供应链的重要组成部分，包括退换货服务、个性化定制服务等，确保消费者在整个购物过程中享受到便捷、满意的消费体验。综上所述，直播供应链不仅关注传统的供应链功能，更注重快速响应市场变化、创新合作模式以及提供优质用户体验的能力，是新零售时代供应链管理的一个重要发展方向。

短视频直播场景下的新零售探索 / 讨论：

在前面一章我给大家留了一个思考：传统的零售模式都是人找货，如何创新地利用前置仓（这里的仓泛指具备就近提供商品的仓库、零售场景及商超）贴近消费者的优势让客户来仓库 / 商超找货呢（从传统的人找货模式跨度到货找人模式）？

这里，笔者把自己的想法（解决方案）和大家分享下：

传统的零售都是人们不定期地去就近的商超进行选货购物，或者是直接在某购物平台上下单购买然后通过 2 天左右时效收到其购买的商品。那有没有一种方式可以让大家随时随地购物且能够非常快（30 分钟内）地收到购物商品呢？同时消费者收到商品后不想要又能非常方便（走到就近的零售场景）地进行退换货呢？

没错，笔者的答案就是利用前置仓和直播供应链相结合的模式来做零售。那如何结合呢？

成品前置仓、仓店合一、直播供应链、D2C 这些都是积木，至于怎么搭，搭成什么形状？您自己定。

前面的章节笔者给诸位分析过每一种模式的特点，那结合各自模式特点我们在新零售模式的创新应用上如何使用才能达到优势互补的效果呢：

1. 是否我们可以在现有商超或其他零售场景的基础上增加一些主播现场带货呢？

2. 那能否把距离消费者近的前置仓库改成零售购物场所呢？

（这里也可以联动上一个大章节中笔者提出的"城市级大产业集群后端辐射全国的成品仓网规划"构想来设计）

笔者再重点列举下前面几个章节的案例中提到的几种模式［成品前置仓（D2C）＋仓店合一＋直播供应链］的几个核心的优势点供大家搭积木参考：

1. 前置成品仓：距离消费者近，服务近、交付近、返修退货近、响应快，也是 D2C 的最短路径。

2. 仓店合一：SKU 品类多，较之传统的商超产品丰富多样（同时还能有效减少店面租金及装修成本以及运营成本，仓库空间大也能进一步降低缺货成本），也能借助消费者对仓场景低成本进一步打造高性价比的消费场景。

3. 从人找货向货找人转变：利用平台算法结合消费者画像喜好将直播间流量推送到前置仓／传统商超就近刷小视频的消费者，让消费者知道就近的实体仓库的具体位置并且前往现场观看直播进行购物体验（消费者画像下的精准推流能进一步提高前置仓产品的动销率），同时，您也可以将直播流量推送成交的订单用即时配／快递／运输的方式完成交付（其中即时配的消费场景能让消费者购物体验再次提升、购物更便利快捷）。

4. 商品质量更可靠：由于就近"主播信誉与其推荐产品的质量密切相关"，前面笔者也提到直播供应链特别强调对商品品质的把控，从源头开始就实施严格的品控管理，以维护品牌形象和消费者信任，在前置仓／就近商超里直播就能解决就近消费者对品牌、主播及商品的信任问题（就近的消费者买到不满意的货可以过去找主播退货嘛，反正也不远）。

5. D2C 模式：品牌方或生产商可以更好地控制产品的品质、价格、推广和服务，从而建立更紧密、更直接的与消费者的联系。同时，由于省去了中间环节，产品的价格通常会更具有竞争力，消费者也能获得更好的购物体验。

现在您看，在消费者注意力逐渐被短视频吸引的大背景下，这些拼接的积木组合是否比传统的零售模式更有吸引力呢？是否能让零售的场景销量进一步提升呢？这里并没有一个标准的、统一的且正确的答案，笔者也只是通过对几个案例的剖析开启大家对未来新零售模式及场景的思考而已（毕竟笔者是做物流的，不是搞零售的）。

这里，笔者也期待一些零售行业有想法的从业人员分享您关于新零售方面的建议，咱们一起讨论，共同进步。

第五章

中国战略物流保障篇

中国战略保障物流：

1. 国内铁路

背景介绍：Q总为某日资企业业务负责人，与笔者认识多年，但由于外企的供应商引进流程比较严格，所以和Q总公司一直未有物流合作。由于Q总公司对客户的报价一般为产品价＋物流费，用的整体打包价，因此Q总在公司有物流承运商举荐权，在公司产品成本固定的情况下物流成本的降低将有助于业务对客户报价的竞争力。

"Q总，最近又在做哪些大客户哇，物流端是否需要我支持？"

"最近都没有大业务引进呢，正愁呢，业务都没有，哪儿需要物流啊……"

"要不我给你推荐一个？刚好最近引进一个鞋服行业新客户，他们家的原材料应该用得上你们公司的产品。"

"那可太好了，来来来，多推荐几个。"

随后，笔者将××公司股东L总的联系方式给到Q总，并打电话给L总简单介绍下Q总公司的情况，电话做了一个简单的引荐。

一周后，笔者给 Q 总微信留言：

"上次给你推荐的 L 总，你们对接上了吗？是否需要我帮你约 L 总出来，组个局约个饭？"

"不用了，谢谢你的引荐哈，我已经和 L 总对接上了，初版的报价已经给他发过去了，对了，我们最近在攻苏州那边的一个大客户，目前到苏州那边的 13.5m 厢车是 ×× 元，如果价格再下来点我们肯定能攻进去，这客户货量很大，你看你们家的运费能否比这个价格再低点？"

"可以呀，我了解下，您到苏州那边的货对时效有很强的要求不？"

"这个没有，三五天到都可以，没有时效要求。"

"既然没有时效要求，那我有办法帮你拿下这个大客户，我们从华南到苏州的运输可以将原来的公路运输改为走铁路运输，而且时效能够满足你的交付要求，你看行不，要不我给你做个报价方案参考下？"

"好哇，你报个价试试，我看看运费这块能省多少。"

"好。"

当天笔者就把从华南到苏州的铁路运输报价给到 Q 总，相比 Q 总之前公路供应商的报价节省了近 30% 的物流费用。

两天后，Q 总同步成功拿下苏州大客户的信息给笔者。

笔者也借此机会成为 Q 总公司的供应商，并开启了物流合作。

总结该案例的成功之处，主要有以下两点：

1. 机会永远留给有准备的人，如果没有机会，那就创造机会。笔者从客户的思维帮助客户介绍客户，并且利用创新性的运输新方案帮助客户解决业务过程中的成本问题，解决了客户业务中的问题，贡献和凸显了服务价值。

2."勿以恶小而为之，勿以善小而不为"，适当留意身边可用的资源为身边有需求的朋友、客户给予匹配，或许您一个不经意的善举就会成就您的一份合作合同。

最后总结成一句话就是"当你解决了客户的问题的同时，你也解决了自己业绩增长的问题"。

创富知识小科普：

国内铁路运输：

作为一种重要的运输方式，在我国经济发展和民生保障方面发挥着重要作用。其优点和适用场景主要包括以下几点：

1. 运输成本相对较低：相较于航空和公路运输，铁路运输的单位运输成本较低，可以有效降低企业的物流成本，提高产品竞争力。

2. 运输距离较长：铁路运输具有较高的运距优势，尤其在长途运输方面，相较于公路运输，铁路运输更加稳定、高效。

3. 运输效率较高：铁路运输采用封闭式运输线路，不受道路拥堵等因素影响，运输效率较高，有利于保障货物及时送达。

4. 安全性较高：铁路运输事故率相对较低，且在我国，铁路部门对货物运输实行严格的安全监管，确保货物安全到达目的地。

5.节能环保：相较于公路运输，铁路运输能耗较低，有利于减少碳排放，符合绿色环保的发展理念。

适用场景如下：

1.大宗物资运输：如煤炭、矿石、钢铁等，铁路运输具有明显优势，可以实现大规模、长距离的运输。

2.工业产品运输：如汽车、机械设备等，铁路运输可以保障产品安全、及时送达目的地。

3.鲜活农产品运输：如冷藏集装箱运输、冷冻食品等，铁路运输可以实现快速、高效、安全的运输，保障食品新鲜度。

4.长途客运：如旅游专列、跨省长途客车等，铁路运输可以满足旅客出行需求，提高出行效率。

5.城市通勤：如地铁、轻轨等，铁路运输在城市间通勤方面具有较高效率，可以缓解城市交通压力。

总之，国内铁路运输在成本、效率、安全性等方面具有显著优势，适用于多种场景，是现代物流运输的重要组成部分，为经济社会发展提供了有力支撑。"高铁运输也是铁路运输中的一种。"

中国战略保障物流：

2. 中欧班列

背景介绍：××能源是国内新能源行业上市公司，主营光伏组件、玻璃、逆变器等光伏领域产品，产品主要销往欧洲、中亚地区，G总为该公司物流部门的负责人，笔者之前和客户有过国内的陆运的合作，但是份额有限，一直想找机会扩大合作份额。

"G总，你们出口到欧洲的货多不？"

"还挺多的，一个月差不多有100多个柜子。"

"那这货量不少呀，您现在都是通过海运发往欧洲吗？"

"嗯，目前基本上全部走的海运。"

"您目前发往欧洲的货物，门到门的大致时效有多少天？"

"走海运差不多在40天左右。"

"那如果有一个运输产品，从国内到欧洲，时效只要20天左右，然后价格又和海运的价格差不多，您考虑不？"

"有这种好事？是什么产品？"

"中欧班列，这个是各级市政府响应国家的'一带一路'倡议推出的配套物流产品，而且国家对该产品扶持力度很大，同时政府也有补贴，铁路运价和海运不相上下。"

"这个产品真这么有优势，之前有听过中欧班列这个产品，但实际上没怎么接触，如果真如你说的那么有优势的话，确实可以走部分柜子试试。"

"行，G总．您给我一些发货的相关资讯，晚点我给您做一个完整的铁路报价方案您参考下，同时我也会将该线路的海运报价也做上去，看相差多少。"

当天下午，笔者拿到了 G 总提供的询价资讯，并将该线路的海运和铁运报价对比分析给到客户。

一个月后，G 总首批通过铁路发往欧洲的柜子正式运作。

三个月后，G 总将发往欧洲的货量的一半改海运为铁路，当年年底，笔者和 G 总公司的当年的合作总营收较往年翻了一倍。

通过该案例，我们会发现：

1. 快速提升业绩的方式可以是开发新客户，也可以是深挖老客户，尤其是正处于高速发展的朝阳行业老客户，那可能就是您的东风，维护好存量业务的时候找增量，您能达到事半功倍的效果。

2. 及时关注行业最新资讯、产品，抢占信息差，您将无往不利。

创富知识小科普：

中欧班列的时代背景及战略意义：

时代背景：

1. "一带一路"倡议的提出与实施：2013 年，习近平提出了"丝绸之路经济带"和"21 世纪海上丝绸之路"的倡议（简称

"一带一路"），旨在促进沿线国家的互联互通、经贸合作和人文交流。中欧班列作为陆上交通的重要载体，是"一带一路"建设中的关键项目，它连接了亚欧大陆两端，促进了东西方贸易和物流的便利化。

2. 全球供应链优化需求：随着全球化进程的加速，国际间货物运输效率和稳定性的重要性日益凸显。传统海运虽成本较低但时间较长，空运则成本高昂且受制于运力限制，中欧班列以其介于两者之间的优势，提供了一种快速而稳定的陆路运输方式，满足了企业对更高效供应链的需求。

3. 应对全球经济挑战：尤其是在特殊时期（比如新冠疫情期间），全球航空和海运遭受严重冲击，中欧班列因其不受海空运力影响的特点，成为保障国际贸易通道畅通、物资稳定供应的重要手段，其战略地位进一步提升。

4. 内陆地区开放开发：通过中欧班列的开行，中国的西部和中部等内陆城市得以直接参与到国际物流大循环中，实现"内陆城市沿海化"，带动了内陆地区的经济发展和对外开放程度的提高。

战略意义：

1. 促进国际贸易：中欧班列极大地提升了中国与欧洲以及"一带一路"沿线国家的贸易往来，降低了交易成本，提高了物流效率，为区域经济一体化创造了有利条件。

2. 增强互联互通：通过铁路线路的建设和完善，推动了基础设施互联互通，加强了欧亚各国在交通、物流领域的深度合作，有利于构建全方位、多层次、复合型的互联互通网络，输出中国文化，构建命运共同体。

3. 助力地方经济发展：对于沿线国家和地区而言，中欧班列不仅带来了实实在在的经济效益，还促使各地政府加大投资力度，发展配套产业和服务，从而带动整个区域经济结构的升级和发展。

4. 提升国际影响力：中欧班列是中国对外展示大国担当和推动全球治理体系变革的具体实践，增强了我国在全球供应链体系中的战略地位，展现了国际合作的新模式和新路径，为参与国家及地区人民带来福祉，为新冠疫情后的全球经济的企稳回升起到重要作用。

5. 保障战略安全：拥有"独立自主"的国际物流通道有助于保障国家的战略物资运输安全，降低对外部因素的依赖性，特别是在特殊时期能够确保产业链供应链的稳定。

中国战略保障物流：

3. 保税物流

背景介绍： Z总是某国际知名鞋服品牌物流负责人，公司最近几年对东南亚市场的重视度很高，因此在香港设有仓库，通过香港的仓库来辐射东南亚市场的门店的补货，新冠疫情期间，客户销量锐减，效益下降，因此2020年底公司就有比较严苛的降本需求，笔者从朋友处了解到该公司的需求后，拿到联系方式，主动找到Z总进行沟通：

"Z总您好！我是××公司国际事业部的CC，很高兴认识您。我朋友Jerry说您这边物流这块今年有降本需求，想看下在哪些方面可以给贵公司提供支持。"

"CC你好！我上次和Jerry讨论过这个事，他提到你这边有比较好的解决方案。"

"这个模式我也是向他学习的，他可能没和您说这块，我们公司之前与某国际头部运动品牌的东南亚中心仓合作就是按照他的idea（想法）打造的。我觉得您目前的香港辐射东南亚这个仓配模式和Jerry之前打造的新模式很像，所以让Jerry帮忙牵线。"

"嗯，哪里比较相似，你可以说说。"

"您目前入港仓的货是否都是从越南发过来的？"

"是的，我们的这边补货的代工厂都是在越南。"

"那您目前香港这个仓库的辐射范围也是东南亚的门店？"

"没错，香港这个仓库就是我们东南亚区域的中心仓。"

"好的，那模式就几乎是一模一样的，您这成本可以优化的空间很大。"

"嗯，说说您优化的思路。"

"我的想法是把您目前在香港的仓库转移到深圳这边来，深圳前海这边有个保税区，它的功能和香港一样，您的仓库搬到这边来，在关务上等同于境内关外，不会影响到您目前在东南亚门店的交付，同时还能从以下几个方面降低您公司的成本：

1. 仓租方面：HK（香港）的仓库现在价格是每个月 80 元 / 平方米左右，深圳的前海保税仓的仓租每个月不到 40 元 / 平方米，仓租费这块可以帮您省下差不多一半。

2. 人工方面：HK 仓库一个作业人员月薪在 3 万元左右，深圳一个仓库作业人员工资在 1 万元左右，人工费这块还能帮您省 2/3；

3. 库内操作费：主要跟对应的人工费挂钩，因此在深圳这边的库内操作费可以做到您在港仓操作费的 2/3，这里也能给您公司省下来 1/3 的费用。

您目前东南亚这块的物流费用组成主要就是仓租费用＋库内操作费用＋仓库人工费用＋后端的运输费了，运输费用的增加会远小于您在仓储＋人工节省下来的费用。以上是我的初步构想。"

"听你这么一分析，感觉确实可行。"

"我们现在在前海这边就有现成的成功案例，您要有兴趣我可以安排您过去参观了解下。另外，您可以把您过去一年的发货数据给我，我结合前海保税区这边的相关成本给您做一个年预估物流费用。您可以和您现有的在香港的这个仓配物流费用对比下，看下有没有优势。"

"可以，我晚点安排人把相关数据发给你，你帮忙测算下。"

"好的。"

当天，笔者收到了 Z 总公司的年发货物流数据。

第二天，笔者将根据客户提供的历史发货数据测算出来的年物流费用给到客户对比评估。

第三天，客户对比发现笔者的方案较之客户原来的物流费用有近 20% 的下降，决定安排时间参观笔者公司仓库。

一个月后，客户内部决定启动前海保税仓替代现有的港仓来进行辐射东南亚门店的物流配送。

通过该案例我们发现：

善于学习企业内部本身就有的创新成功案例并深入剖析沉淀总结成可复制的方法论，掌握其运作模式及适配客群并推而广之，是突破业绩的有效方式。

创富知识小科普：

保税区和自贸港都是特殊的经济区域，但它们在功能、监管力度、储存时间限制、货物管理方式以及作用等方面存在显著的差异。

首先，保税区是一国海关设置的、受海关监管和管理的特定区域，主要作为进口货物的中转站。在保税区内，货物可以暂时存放，不进行关税缴纳，待货物离开保税区进入国内市场时，再按规定缴纳关税和增值税。保税区的功能相对单一，主要是货物的中转和存放，对周边经济的带动作用有限。

而自贸港则是设在一国或某地区境内关外，货物、资金、人员进出自由，绝大多数商品免征关税的特定区域。它是全球开放水平最高的特殊经济功能区，具有高度的自由度和便利性。在自贸港内，企业可以自由地进行生产和加工，货物可以自由进出，无须缴纳关税。自贸港通常也是物流集散中心，加工贸易发达，对周边地区具有强大的辐射作用，能带动区域经济的发展（例如海南自贸港）。

其次，两者在监管力度和货物管理方式上也存在差异。保税区的货物进出需经过海关的特殊监管，对货物采用账册管理方式。而自贸港则实行更为自由的管理方式，货物进出自由，多数自贸港采取门岗管理方式，运作手续更为简化，交易成本更低。

此外，保税区的货物存储时间有限制，一般为 2～5 年。而在自贸港内，货物存储期限不受限制，企业可以根据市场需求自由安排货物的存储时间。

综上所述，保税区和自贸港虽然都是特殊的经济区域，但它们在功能、监管力度、储存时间限制、货物管理方式以及作用等方面存在显著的差异。保税区主要作为进口货物的中转站，对周边经济的带动作用有限；而自贸港则具有更高的开放水平和自由度，是物流集散中心和加工贸易中心，对周边地区具有强大的辐射作用，能带动区域经济的发展。

中国战略保障物流：

4. 冷链物流

背景介绍： ×× 股份为国资委旗下上市公司，旗下有直营商超及加盟零售店，目前在国内有上千家门店及上百个直营商超，售卖的商品涉及日化、快消、鞋服、酒水、生鲜、果蔬等诸多品类，含常温运输及冷链运输，有常温库也有冷冻库需求，临近年底，笔者从朋友处了解到该公司的 M 总目前在市面上找仓库，为明年公司开辟新市场做供应链方面的筹备。刚好几年前，笔者同 M 总有交流过，互相加过微信，于是笔者就主动找到 M 总。

"M 总，听说您最近在找仓库，有需要支持的地方不？"

"是呀，找了很久了，一直也没找到合适的。"

"您找啥条件的仓库哇，这么难？"

"是这样，因为我们产品的 SKU 比较多，存储条件涉及常温、冷藏、冷冻，所以我们要找 6000 平方米的仓库，其中含 3000 平方米常温、2000 平方米冷藏、1000 平方米冷冻。通过这个仓库来辐射珠三角地区的门店、商超的配送。"

"这个确实有点儿难哦，一个仓库含三个功能区，同时这三个功能区在面积大小上又得满足您这个要求，同时还得满足您公司在位置、消防及其他相关条件的要求，我敢说，您在华南基本上找不到的，这个属于高度定制的。没人会事先提前准备好的。"

"确实是这样，我找一圈下来，基本上没有符合要求的。很头疼，实在不行，到时就只能自己公司自建仓库了。"

"嗯，赞同，照目前这趋势下去，您就只能自建仓库了，但是也有另外一个办法。我公司可以提供满足您要求的资源，前提是您得满足我司要求的以下几个条件：

1. 从仓库到商超及门店的配送必须交由我司来做。

2. 仓库的库内管理交给我司管理。

3. 项目的合同期必须在五年以上。"

"这个问题不大呀，说说您打算怎么满足？"

"我自己公司也没有现成满足您需要的仓库，但是我们可以租一个场地进行改造，考虑到投入产出比的问题，所以需要签署5年或者5年以上的合同。另外，运输这块，我公司也可以根据您公司的具体运输频次投入一定数量的新能源汽车来协助您公司进行华南地区的门店商超配送，进一步降低您在配送这块的运输成本。"

"大概理解您的条件了，这个事我觉得可行，但是我也需要向老板汇报下，毕竟我们往年都是供应商一年一签合同。"

"好的，那我就期待着您的好消息。"

一周后，客户内部讨论通过了该项目，M总邀请笔者前往公司洽谈具体细节。

一个月后，笔者和M总签署了5年仓配合作协议。

三个月后，仓库改造完成，M 总公司的货物入驻新仓并开始发货。笔者公司开启了与 M 总公司正式的仓储租赁与管理、仓到门店的配送。

通过该案例，我们发现：

1. 任何客户遇到的痛点、难点都是营销人员的机会，只有解决客户的需求，才有你营销的价值。顶级的营销人员懂得适时地抓痛点、搔痒点、放大兴奋点。将欲取之，必先予之。

2. 当个体力量不足时，在风险可控的范围内，借助公司、平台、资本的力量，成就客户、成就资本的同时也能成就个人。

创富知识小科普：

冷链物流：是一种特殊的物流系统，主要针对需要在低温环境下进行存储、运输和配送的易腐食品、药品和其他温度敏感性商品。其目的是通过保持恒定且适宜的低温条件，确保产品从生产到消费全过程的质量与安全，减少损耗并延长产品的保质期，"是民生物质的重要保障方式"。冷链物流的特点包括：

1. 全程温控：冷链物流的关键在于对温度的严格控制，确保整个供应链各环节（如生产、仓储、装卸、运输、分拣、配送等）的产品始终处于规定的低温环境中。

2. 时效性强：由于所运输货物具有易腐性和时间敏感性，冷链物流必须保证快速准确地完成各个环节的作业，以降低因温度波动或延误导致的产品变质风险。

3. 技术复杂性高：冷链物流涉及冷冻工艺学、制冷技术、保温材料、温湿度监测技术以及信息系统集成等多方面技术手段，并要求这些技术高度协同运作。

4. 投资成本大：建设冷链设施、购置冷藏车、配备先进的温控设备以及维持运营所需的能源消耗等都带来了较高的初期投入和运营成本。

5. 组织协调严密：从生产商到消费者的所有环节需有高度的组织协调能力，确保冷链不断链，信息传递及时准确。

6. 法规约束：对于某些特殊产品如药品和疫苗等，冷链物流还需要符合严格的国家法律法规和国际标准，确保产品的安全性。

随着我国经济的发展和人民生活水平的提高，尤其是食品安全意识的增强，以及生鲜电商、医药健康等领域需求的增长，冷链物流在我国取得了快速发展，并成为提升农业现代化水平、保障食品安全和推动相关产业转型升级的重要基础设施。

特殊场景物流：

5. 灾情物流

　　背景介绍：2022 年初，新冠疫情持续发酵，政府针对有阳性患者出现的组织、场所进行精准封控以阻止疫情大面积扩散，从而保障人民的生命安全。××股份是主营电子产品的国内上市企业，在疫情期间因为仓库有员工阳性导致仓库作业人员陆续隔离管控，导致作业瘫痪、出现无法发货的局面，笔者了解到该客户这个情况，于是从朋友处拿到客户物流负责人 G 总的联系方式，和其进行沟通。

　　"Hi，G 总，我是××公司仓配业务部的负责人 CC，很高兴认识您，听同事说您公司有仓储需求，想和您了解下具体情况，看我这边在哪些方面能够给您提供支持？"

　　"C 总您好！是这样的，我们公司是做电子产品回收及维修的，最近因为疫情，原本在东莞的仓库因为有员工呈阳性，所以导致仓库的员工现在都被管控了，仓库目前已经瘫痪了，目前急需找个近 1500 平方米的场地让我司质检及库内操作人员入场恢复运作，不知您公司在深圳这附近是否有闲置空间租给我们使用；同时我们也需要您帮忙提供下宿舍，要解决 10 来个员工的食宿问题。"

"您这要的面积不小哇，我们现有深圳这个仓库大概只有 1000 平方米的闲置空间，我和仓库负责人那边协调下，看能否再腾出 500 平方米凑足给您使用。"

随后，笔者电话联系了公司的仓库负责人。

"姐，我是 CC 呀，有个事麻烦您，我这边有个客户急需使用差不多 1500 平方米的仓库面积租给他们作业使用，我记得咱们仓库现有差不多 1000 平方米的闲置空间，您看能否帮忙再腾出 500 平方米来给客户临时救急用，同时，客户有差不多 10 个员工的食宿也需要我们一起来解决。疫情期间，咱们做物流这行的都挺不容易的，您帮帮忙，下次小弟请您吃大餐。"

"哎哟，C 总可别跟我客气哈，你这帮我找业务我高兴还来不及呢，放心，我马上就让仓库的人挪一挪，凑个 1500 平方米不难，食宿到时就安排在我们仓库的员工宿舍就好了，问题不大。"

"好啦，那就麻烦您了，我知道您仓库平时都是不怎么接短租客人的，尤其还是这种自己安排人来仓库作业的客户，就只租个场地，还只租半个月，您这完全是在帮我呀，谢谢姐，我记心里了。"

"G 总，我这边内部已经协调好了，您今天下午就可以安排陆续进仓了，您把即将要来仓库作业的人员名单发我，我晚点让仓库那边去街道办开个证明，方便你们人员进出。"

"太感谢了，我马上安排。"

当天下午，G 总团队就陆续运货入仓，开始作业了。

客户完成入仓后，笔者给仓库负责人发了一个感谢邮件并抄送给仓库负责人的直接领导。

半个月后，G 总团队从笔者仓库退租。虽然从笔者公司退仓后停止了仓储合作，但是后面根据笔者了解，该公司和笔者公司的快递合作份额超过了历史上的任何一年。

通过该案例，我们发现：

1. 营销人员的客户不仅仅只有外面的客户，您还有内部客户，那就是您的同事、您的领导。

2. 您能成功一定是您身边的人希望您能成功，不仅仅是您的亲人、朋友，外部的客户希望您能成功，更有可能是您内部的同事、您的领导希望您能成功。

创富知识小科普：

灾情场景物流特点，主要体现在以下几个方面：

1. 紧急性：灾情物流的首要特点是紧急性，因为自然灾害、突发事件等导致的灾情需要尽快得到应对和处理。这要求物流企业在短时间内组织人员和物资，确保救援物资尽快送达灾区。

2. 不确定性：灾情发生时，灾区的情况往往不稳定，这包括道路状况、交通设施、通信设施等方面。这种不确定性给物流带来了很大的困难，物流企业需要随时掌握灾区动态，调整运输计划。

3. 多样性：灾情物流涉及的物资种类繁多，包括食品、饮用水、药品、生活用品、建筑材料等。这要求物流企业具备丰富的运营经验和专业知识，以满足不同类型的救援物资需求。

4. 规模性：灾情往往导致大量人员受灾，需要大量救援物资。因此，灾情物流具有规模性的特点，物流企业需要调动大量资源，组织大规模的运输。

5. 时效性：在灾情救援中，时间非常宝贵。物流企业需要快速响应，合理安排运输计划，确保救援物资在第一时间送达灾区。

6. 复杂性：灾情物流涉及多个环节，如采购、运输、仓储、分销等。在灾区环境下，这些环节面临诸多困难，如道路阻断、通信不畅等。物流企业需要具备较强的协调和管理能力，确保各个环节高效运作。

7. 协同性：灾情物流需要政府、企业、社会组织等多方专业的组织共同参与，形成协同作战。这要求各方加强沟通与协作，统一指挥、统一计划、统一行动，以提高救援效率。

8. 可持续性：灾情物流需要在救援初期和后期保持持续运作。初期侧重于紧急救援，后期则转向灾后重建，包括基础设施修复、生产生活恢复等。这要求物流企业具备长期的运营能力和资源。

总的来说，在应对灾情／紧急情况时，我们只需要按照"就近调度、专业支援、全力以赴"的原则并且充分利用前面提到的国家战略保障物流方式（高铁／铁路运输＋中欧班列＋保税物流＋冷链物流），结合常规物流就能应付绝大部分的灾情场景，为灾区提供高效、有序、有力的救援支持。

任何一个时代都会有紧急情况，它除了考验我们的应对智慧以外，考验的更是民族和国家的向心力。

任何一个伟大的民族（文化）都离不开历史的风吹雨打，一个不经历苦难的人、企业、国家也无法焕发出强大的生命力。

本章最后引用抖音某博主的一句话"有风啊，才更容易授粉；下雨啊，才会更加滋润；经历了干旱的植物，就更知道深深地扎根，从而获得更多的养分"。

第六章

———

内卷破除之产业链
升级篇

内卷破除——产业链品牌升级篇:
1. 企业文化

背景介绍:××冰泉为国内某高端快消品牌,公司总部在北方,该品牌在中国的北方市场渗透比较深,在南方市场知名度相对较小,现公司举行年度物流招标会。笔者在中国物流招标网上看到客户公布的招标信息。主动联系招标专员并准备相关资料投递备案。在这之前笔者不认识内部任何的物流相关的窗口。笔者通过与招标窗口对接沟通中了解到此次来竞标的公司大部分都是大公司,SF、JD 均在其列。而笔者当时所供职的公司年营业额规模 4 亿元,不算小,也算不上很大,内部运作以合同物流为主(合同物流主要特点就是服务外包),同时了解到此次招标公司除了物流总监、采购总监、财务总监在场,负责公司业务板块的副总裁 T 总(级别最高)也会出席述标现场。

提前准备完投标相关的资料及报价,到了述标的当天,笔者带着提前准备的 U 盘来到了客户的述标办公室。推开门点头向现场人员示意进场,打开企业介绍 PPT 现场给客户评标人员简单介绍完公司。最后总结:

我们××供应链公司在今天的来参与竞标的近50家公司里面算是比较小规模的企业，但我认为我们有以下三点核心优势，这里分享给几位领导参考：

1. 公司规模虽然不大，但是我司所有的合作客户都是以行业的维度进行细分管理，公司有十大行业中心，后续如果有幸和咱们公司合作，项目会由我们内部的快消饮品行业中心来承接运作，该行业的运营人员都是快消运营经验超过10年的同事，以行业维度沉淀的长期物流运作经验是我们的核心优势之一。

2. 免费的车身广告：我看今天咱们负责业务的T总也在，我之前了解到咱们公司在中国南方市场的市占率相对北方会稍微薄弱些，如果贵公司的物流运作交由我司承接，未来承接贵司产品运输的车辆的车身可以全部贴上咱们公司的产品广告，让您的产品在运输的路上就被南方的消费者看到。希望在承接您物流业务的同时在力所能及的范围内也帮助您提高在南方市场的知名度。

3. 公司企业文化：对员工负责、对客户负责、对社会负责。这里我讲两个案例来说明一下。第一点，虽然"J怡物流"供应链板块年营业额不到4亿元，但是前段时间我们公司一个财务员工因病去世，公司自己掏钱60万元专门给家属的年幼的孩子成立成长教育基金（负责孩子从小学到大学毕业的所有生活费、教育费），我想这样的行为在其他的民营企业里面是少见的。第二点，以往只要是国家出现紧急情况，公司都是无偿帮助政府提供物流服务进行赈灾并内部进行义捐，这点我看咱们两家公司的企业价值观都是一致的。至于对客户负责，这里我就不自夸了，后期合作了您就知道了。

以上是我总结公司的三大优势，期待未来能有机会合作。

一个月后，笔者公司中标了该公司总物流标的 30% 份额。笔者也和客户公司的 T 总成了好朋友。

总结该案例，我们发现：

1. 营销很多时候需要抓重点，我们常说的 MAN 原则，即 Money（有钱）、Authority（有决策权）、Need（有需求），找到那个有钱、有决策权又有需求的人进行重点营销，能事半功倍。

2. 企业文化是一种"软实力"，它是企业的隐性营销基因。如果它能引起客户的共鸣，它的力量不亚于研发一个好产品。同志者相得、同仁者相忧、同声者相应、同道者相成。

创富知识小科普：

企业文化营销：企业文化营销是指将企业文化与市场营销相结合，通过传递企业的核心价值观、品牌理念、企业精神等文化元素，来提升品牌形象、增强品牌忠诚度，并促进产品或服务的销售。这种营销方式强调企业与消费者之间的情感连接和文化共鸣，可以成为品牌高端化的有力手段。

以下是一些企业文化营销的关键方面和实施策略：

1. 定义核心价值观：首先，企业需要明确并坚守自己的核心价值观。这些价值观应该与企业的使命、愿景和长期战略相一致，并贯穿于企业的所有经营活动之中。

2. 培养员工认同：企业文化营销的成功离不开员工的支持和参与。因此，企业需要加强对员工的文化培训和教育，提高员工对企业文化的认同感和归属感。

3. 塑造品牌形象：通过传播企业的故事、历史、传统等元素，塑造独特而富有吸引力的品牌形象。这有助于消费者形成对企业品牌的深刻印象，并将其与竞争对手区分开来。

4. 创造独特体验：提供与企业文化相契合的产品或服务体验，使消费者在购买和使用过程中感受到企业的独特魅力。这可以通过设计、包装、服务流程等多个方面来实现。

5. 整合营销传播：将企业文化元素融入各种营销传播渠道中，如广告、公关、社交媒体等。通过一致的传播策略，确保消费者在不同接触点上都能感受到企业的文化气息。

6. 持续改进与创新：随着市场环境的变化和消费者需求的变化，企业需要不断调整和创新自己的企业文化营销策略。通过收集和分析消费者反馈，持续改进产品和服务，以满足消费者的期望和需求。

企业文化营销是一种注重"情感连接和文化共鸣"的营销方式。通过传递企业的核心价值观、品牌理念等文化元素，企业文化可以提升品牌形象、增强品牌忠诚度，并促进产品或服务的销售。

本节结尾引用小米雷总的一句话，"优秀的企业赚取利润，伟大的公司赢得人心"。

内卷破除——产业链品牌升级篇：
2.产品服务升级篇

背景介绍： L总为国内头部人寿保险公司的运营负责人，公司想针对每年新签的优质大客户提升履约体验。最终通过履约体验的提升让客户感受到享受到尊贵的VIP服务以提高保单每年的续约率。（路径：履约体验提升→续保率提升→营业额增长）

"Hi，L总，今年业务怎样？"

"不行哦，疫情这几年，整个公司的高端大额保单这块，续保率大幅下滑，顾客的消费决策越发趋于谨慎了。"（L总回道）

"是呀，消费降级很普遍，从拼××的崛起就可以看出来咯。"

"有没有想过通过啥办法把这个情况改善下？"

"您给点建议，我可以反馈给我们的业务部负责人。"

"因为我是做物流的嘛，我只能从供应链履约体验上和您分享一些我自己的观点。"

"可以呀，愿闻其详。"

"首先我想了解下您刚提到的所谓的大额保单具体是指什么量级的？"

"一般每年的个人寿险金额在 10 万元以上的，在我们这算得上大额保单了。"

"10 万元确实够大的咯，不比一般的奢侈品便宜呀，人家买个奢侈品还有每天看得见的东西在手上，您这大额的保单实际给人能够感知到的价值会比较有限，唯一能感知到您产品价值的时候可能就是在理赔的时候。所以，您确实可以在保单交付上把这个高净值客户的履约体验提升下。我问下，您现在的保单是怎么送达客户的？"

"我们一般通过 ×× 快递邮寄到客户手上的。"

"如果是这样的话保单交付这块确实有提升空间，而且还蛮大的。"

"怎么说？"

"您想下，我花 10 多万元在您公司买一个保险，但实际我只是通过快递员用比较常规且普通的方式收到您公司寄给我的纸质保单，却并没有一个能够让我感觉到很有'仪式感'的交付体验，所以我们要做的就是围绕三个字来做优化，那就是——仪式感。"

"具体要怎么做呢？"

"您想象下，如果把纸质保单交给客户的不是普通的快递小哥，而是一个专门开着新能源专车、身着黑色正装、打领带且发型齐整、五官端正且颜值高、身高在 180 cm 以上且身材超好戴着白手套面带微笑且使用极具专业素养的言语的男士将您的保单

171

递到您的手上请您签收，您要是客户，您会是什么样的感知？会留下什么样的印象？明年的保单还想再续吗？又是否会有拍照发个朋友圈的冲动？而这样的服务，我就可以为您公司定制出来。"

"您还真别说，刚描述的场景我自己想象一下都觉得激动，要不您给出个方案，到时我喊上我们业务部的负责人咱们一起当面沟通下。"

"行，那就这么说定了，这样，您这两天把您公司的在国内一线城市的大额保单的数量统计下发我，我会根据您提供给我的订单数据结合我要做这个项目投入的人力成本、设备成本、专车成本、道具成本及场地成本、系统成本进行报价测算，我预计我的运作方案及项目报价在下周三之前能够做出来，要不咱们就把下周三下午作为咱们碰方案的时间，您看怎样？"

"可以，那咱们就下周三见。"

很快就到了下周三……

笔者带着项目运作方案及项目报价来到客户公司同客户进行交流，这次与会的除了 L 总还有客户公司的业务负责人 Tina 以及公司的副总裁 W 总。会上，笔者将项目的具体运营流程及可行性，特别强调了方案前后两次交付体验的对比，以及每一单的派送费占比保单的金额的比例（不足千分之二），给客户副总裁 W 总留下了深刻的印象并且现场拍板决定尝试下。

回去后，笔者就该项目开始了详细的准备工作：

1. 招聘符合条件的配送人员（从身高、颜值、体脂率、言语谈吐方面进行严格把关并且邀请客户方同我司工作人员一起对应聘的人员进行面试）。

2. 招聘完合适的人员后再对人员进行礼仪、保单专业术语答疑、电话预约、上门派送、退货等各个环节进行细分场景的培训。

3. 租赁专车及场地，采购响应的设备。

4. 系统端的对接及数字化管理。

一个月后，培训经过客户的检验确认完成。

45 天后，项目高定交付服务正式在全国一线城市上线，据客户反馈，取得了客户的一致好评并引发收货客户在朋友圈的疯狂转发并带来了新的订单流量。

笔者公司因此项目获得了客户的年度最佳服务商奖章。同时笔者的项目在公司内部也被评为公司年度毛利最高的项目之一。

通过该案例，我们可以看出：

在市场高度同质化严重的情况下，如果您能从客户的客户终极视角升维您的产品服务，结合客户的业务场景、行业属性，进行深度的产品设计，您就已经脱离了行业同质化的"内卷"了。

创富知识小科普：

如何做出高附加值的服务/产品：

前面在讨论"内卷"的章节时笔者提出过破除内卷之同质化问题的解决方案就是创新和品牌高端化。

那如何把一个简单的服务做出高附加值呢，笔者总结为以下六点：

1. 提升服务品质，关注客户体验：这是最基本的高附加值服务策略。通过提高服务品质（笔者在之前的案例也提到过品牌的高端化，除了产品的品质，配套的供应链履约服务也是重要的一环），企业可以确保客户在享受服务的过程中感受到舒适、便捷和满意。这包括提供专业、热情的服务人员，整洁、舒适的场地环境，以及快速、准确的服务响应等。

2. 创新服务方式：通过引入新技术、新理念或新方法，企业可以提供更具创新性和独特性的服务。例如，借助互联网和大数据技术，提供线上预约、个性化定制等服务，以满足客户的个性化需求等。

3. 强化客户关系：建立和维护良好的客户关系是提升服务附加值的关键。这包括对客户需求的深入了解，及时有效的客户沟通，以及对客户反馈的积极响应。

4. 增加服务内容：在基本服务的基础上，提供更多延伸和附加服务，以增加服务的价值和吸引力。例如，提供售后服务、咨询服务、技术支持等，以满足客户在使用产品或服务过程中可能产生的额外需求。

5. 利用信息技术赋能：通过信息技术，企业可以提供更加智能化、高效化的服务。例如，利用人工智能、物联网等技术，实现自动化服务、智能客服等功能，提高服务质量和效率等

6. 树立品牌形象：一个好的品牌形象（企业文化、价值观、使命感）可以提升企业产品及服务附加值。企业应通过优质的服务理念、专业的团队、创新的解决方案等，树立自己在行业内的专业地位和良好口碑。而以成本导向的行业/产业内卷，只会成为您产品升级、服务升级的障碍。

内卷破除——产业链品牌升级篇:

3. 环保可持续之一

背景介绍: ××股份是国资委控股的企业,主营商超零售,在全国有几千家门店。笔者之前上门拜访过该公司的采购×总一次,但是拜访过后找×总尝试合作,不过一直未有实质性的进展。

"Hi,×总,最近怎样?今年的物流招标能否邀请我公司参与?"

"哎呀,我们现有物流供应商都合作蛮稳定的,这几年基本上很少纳入新供应商。"

"为什么呢?"

"因为我们的企业性质嘛,每次引进新的供应商都需要内部开会讨论决策,所以一般要引进的企业必须在行业内有一定的知名度,规模越大越好,或者就是有能够帮助公司在供应链管理方面进行优化的能力。我看您公司规模不是很大,一年的营业额4亿元,我感觉内部通过的机会不大,所以今天就和您直说啦,免得浪费您时间。"

"谢谢您的坦诚相告。怪不得之前每次找您您总是没时间见我。今天终于知道原因啦。不过呢，我有信心也有能力成为您公司的供应商。"

"我刚都说得很明白了，要想成为我公司的供应商，第一，新供应商有品牌有规模。第二，新供应商必须有亮点，您还有信心？"

"当然了，我公司虽然规模不大，但我觉得能帮助贵公司解决很多供应链环节中的问题。"

"说来听听。"

"好，之前通过过往和您的沟通以及上次参观您公司的仓库，对咱们公司的物流情况算是有一些初步的了解，我觉得未来有信心让您公司物流效益上有一个很大的优化。"

"可以说说你的思路，通过什么样的方式来降本，如果是单纯的和现有的供应商进行恶意的价格竞争我觉得就没必要了。"

"我降本的方式并非去卷价格，主要从以下两个方面来进行优化：

1.利用您公司现有资源进行增收进而达到降本的目的：我上次参观您东莞这边自建的仓库发现咱们目前闲置的仓库面积远远大于您现有使用的面积，这部分不放东西太浪费了。刚好我们现有的客户需要在东莞这边找仓库，如果未来能有机会承接贵司全国的运输业务，而您公司也愿意把这部分闲置空间对外开放，我们可以按照市场价来租赁您的仓库用来运作我司的仓储业务。同时我们可以提供免费的仓储空间规划，帮助您仓库合理布局，进一步提升空间利用率，提高您仓储运作效率。未来咱们公司在全国其他自有物业的仓库也可以采取同样的合作模式展开。

2.周转箱替代纸箱：我观察了下您现有从仓库发到门店的货物包装都是用的纸箱，这一块我觉得有很大的优化空间。我公司旗下有个子公司专门做可循环使用的周转箱，非常适用于门店配送的业务场景，并且在周转箱的回收这块已经有了完善的网络，您以往使用纸箱基本上用一次就扔了，而周转箱可以循环使用上百次而不坏，这个对于您现有纸箱包装成本会是很大的优化。按照您现有的业务量来估算，一年至少要节省包装费用达到300万元以上。

以上两点是我司的优化建议，您觉得如何？"

"您这样，先把您公司周转箱这块的资料发我，回头我把您今天的两个优化建议也和内部团队讨论决策下，下周给您具体的回复。"

一周后，客户抛出了具体的物流需求并让笔者进行报价及方案制作。

一个月后，双方签署了合作协议。

通过该案例我们发现：

1."凡事皆有因、有因才有果"，锲而不舍、执果索因。客户拒绝你总是会有原因的，只要你自己不承认失败，你就永远不会失败——所谓的失败，只是暂时还没成功而已。

2.人无我有、人有我优。如果在资质方面差了点，留给你的也就只剩打差异化的策略了，那如何差异化呢？假如你设身处地，试着用客户的思维去想，你能为客户提供什么从而让客户选择你，或许你就知道答案了。

创富知识小科普：

周转箱在供应链领域中的应用：

周转箱，也称为物流箱或物料箱，是一种在供应链管理中广泛使用的工具。它们主要用于存储、运输和保护产品，以便在供应链中的各个环节进行高效的物流操作。

周转箱通常由耐用的材料制成，如塑料、金属或纸板，以适应不同行业的特定需求。它们具有多种功能，如承载能力强、防静电、在途可视化、可堆叠、易清洗、可重复使用等，因此在各种环境中都能得到广泛的应用。

在供应链中，周转箱主要用于以下几个方面：

1. 储存和运输：周转箱可以用于存储和运输各种产品，包括食品、电子产品、五金零件等。它们可以有效地保护产品，防止产品在运输和储存过程中受损，并确保产品按时到达目的地。

2. 生产和装配线管理：在生产和装配线上，周转箱可以用于存放零部件和半成品，以便工人随时取用。这有助于提高生产效率，减少生产线的停顿时间。

3. 库存管理：周转箱可以用于管理库存，确保库存数量的准确性和及时性。它们可以帮助企业更好地控制库存，避免过多的库存积压或缺货现象。

4. 包装和回收：周转箱也可以作为包装材料使用，对产品进行包装和保护。同时，它们还可以被回收和再利用，减少对环境的影响。

总的来说，周转箱在供应链管理中发挥着重要的作用，它们可以提高物流效率、减少产品损坏、有效管理库存并降低运输压力。随着供应链管理的不断发展和优化，周转箱的应用也将得到进一步的推广和完善。

目前，周转箱的广泛推广的难点主要是递向物流回收网络的完善，同时更需要注意目前市面上大部分的周转箱都是塑料材质的（塑料是很难降解的），因此，如果未来能使用环保可降解材料来研发周转箱产品，那将是一个非常广阔的市场。

内卷破除——产业链品牌升级篇：

4. 环保可持续之二绿色物流＋私域营销（可持续发展篇、品牌升级篇）

背景介绍： Mark 是某国际头部轻奢服装品牌物流负责人，之前和笔者所在的公司有过部分的快递合作，但是合作份额不大，仓储部分的业务一直没有做起来，一次偶然的机会，笔者在一个主题为"低碳供应链"的群聊里面发现 Mark 也在群里，于是就和负责该客户的销售了解该客户目前和公司的合作情况，了解到该客户近期有开新仓的打算，联想到客户公司的品牌调性，笔者觉得机会或许来了，于是就主动找到 Mark 打招呼。

"Hi，Mark，好久不见啦。"

"是哦，C 总，好久不见，有什么指示？"

"哪里有什么指示，这不好几个月没见了嘛，就和您问个好，看下物流这块有没有哪方面需要支持的？"

"运输方面目前运作得都还不错，不过我们预计年底要在华北区域开个新仓，您公司如果在华北有资源的话到时可以过来公司聊聊。"

"可以呀，我们公司在华北那边有不少高标库，回头我整理个资料您参考下。另外我想了解下，您公司在绿色物流方面有没有关注？"

"有哇，您知道的，我们产品定位高端，所以对这个一直都在关注，也在看哪些场景是我们未来可以参与的。"

"这点上我公司和您公司很像，'双碳'概念在国内各政府频繁提出后，我们公司算是国内响应最快的物流企业之一，到目前，已经具备帮助客户搭建完整碳管理体系的能力了。"

"今天还是第一次听您说贵公司这块的内容，我还蛮感兴趣的，您可以分享下贵公司在这块的实践，我们也学习学习。"

"互相学习啦，我们目前可以帮助客户从减碳目标的设立—碳管理—碳足迹诊断—碳排放报告—稽查和认证都有一套成熟的模式在做。如果从我们鞋服行业的维度来看公司的减碳实践的话，我总结起来就是'3R 行动'。

Reduce（减耗）：推广车队的数字能耗管理以提升车辆的能效。推广新能源车辆替代传统燃油车，在仓储环节中使用光伏发电，同时也加大氢能源在物流各场景中的应用。

Reuse（再利用）：在工厂—仓库—门店中的包装材料中我们专门成立内置芯片的可循环周转箱，在替代传统纸箱的同时还可以实现路由追踪、防水防尘防静电，具体功能可以定制，目前在鞋服行业仓发门店这块的应用就比较多。

Recycle（回收）：在鞋服行业领域，我们目前也搭建了从旧衣回收—清洗—二次销售/捐赠全流程的回收处理渠道，同时我们也和二手的奢侈品交易平台——红×林建立了长期稳定的合作关系。"

"学习了，今天对您公司又有了全新的了解。我们公司目前就在筹备做碳看板，咱们可以约个时间，带上你们这方面的同事当面和我们分享下经验，华北那边的仓库资源你们也找找看看有没有合适的。"

"可以呀，到时您公司华北那边的仓到门店的项目我整个提案给您参考参考。"

"好的。"

一周后，笔者带着公司碳管理技术团队的同事上门拜访了Mark并制作了关于"绿色主题"的仓配一体项目提案。主要围绕以下几点展开。

1. 仓储：选取公司在华北的光伏屋顶式发电仓库。

2. 运输：专项定制新能源车辆进行门店配送。

3. 碳管理：以月度维度向客户汇报该项目的碳减排数据。

4. 私域营销：在抖音、小红书、猫超等直播间呼吁下单消费者加入企业日常绿色低碳活动倡议并关注企业公众号积累积分兑换公司礼品，协助企业进行私域流量引流。

一个月后，和Mark确定了最终的合作方案及报价，客户内部决策该项目启用笔者公司方案。

两个月后，客户货物正式入仓。仓配合作正式启动。

通过该案例，我们发现：

1. 如何走进客户心里？前提是你得对客户的诉求有深入的理解和洞察，这里的需求包含以下几个方面：

1）供应链需求：常规的物流需求。

2）个人诉求（项目关键人能够通过该项目得到什么）。

3）品牌需求：您公司提供的方案能否匹配品牌的调性，它能否给品牌方带来正向的溢价。

2. 及时关注国家、政府战略方向，关注行业资讯，我们每个人都是大时代下的一粒尘埃，能走多高，能飞多远，就要看时代的风有多大，你御风而行的准备有多充足。

创富知识小科普：

低碳物流：低碳物流是指在物流活动中采用低碳技术和管理策略，以降低物流活动对环境的影响，特别是减少温室气体排放，从而实现物流的可持续发展。它是绿色物流的一个重要组成部分，强调在物流过程中注重节能减排和资源的有效利用。

低碳物流涵盖了多个方面，包括低碳运输、低碳仓储、低碳包装等。

低碳运输是低碳物流的核心环节之一，旨在通过优化运输方式、提高运输效率、减少运输过程中的能源消耗和排放来实现低碳化。例如，采用清洁能源车辆（锂电池/氢能）、合理规划运输路线、提高车辆装载率等方法都可以有效减少运输过程中的碳排放。

低碳仓储则注重仓库的绿色建设和运营，包括使用环保材料、节能设备、优化仓库布局等，以降低仓库在运营过程中的能源消耗和排放。同时，通过提高仓储管理效率，减少库存积压和浪费，也可以为低碳物流做出贡献。

低碳包装则强调使用环保、可降解的包装材料，减少不必要的包装，以及优化包装设计来提高包装的利用率和降低废弃物产生。这不仅可以减少包装材料对环境的污染，还可以降低企业在包装方面的成本。

除了以上几个方面，低碳物流还涉及绿色采购、绿色流通加工、废弃物回收等多个环节。这些环节都需要企业注重环保和资源的有效利用，以实现整个物流过程的低碳化。

总的来说，低碳物流是一种注重环保和可持续发展的物流模式，它要求企业在物流活动中采用低碳技术和管理策略，以降低物流活动对环境的影响。随着全球气候变化和环境问题的日益严重，低碳物流将成为未来物流业发展的必然趋势。

绿水青山就是金山银山；人与自然（万物）和谐共处。

内卷破除——产业链品牌升级篇：
5. 联名营销

背景介绍：××咖饮为国内快消咖饮连锁店，目前在全国有5000多家门店，在一次新零售主题的峰会上，笔者和该公司的负责营销的副总裁Z总加了个微信，一直没有真正的互动，属于点赞之交的那种。

某天路上，笔者看到了Z总公司的门店，于是就上门店点了一杯茶，对着门店logo拍了一张给Z总发过去。

"Hi，Z总，刚来你家门店体验你家的新品，味道不错哦。"

"谢谢C总关照，对我们的产品也多提提意见。"

"提意见不敢，不过我们目前有一些客户在搞联名营销，我觉得这个还蛮适合咱们公司的，不知道您公司之前尝试过没有？"

"我们公司目前主要还是以传统的线下门店营销为主，其他的暂时没有尝试过，您说的这个联名营销我们有考虑过，但是不知道怎么做，也不知道和谁去联名，C总可以给点建议。"

"这个是我们公司大数据科技产品部给某头部快消品牌做的

消费者画像分析，您参考下。说着笔者就把一个某客户的PPT给客户发过去了。"

五分钟后，Z总发来了信息。

"没想到呀，你们公司竟然也能做出这种东西来，我原先对您公司的印象就是个做物流的，今天看了您刚发的报告，颠覆了我对您公司的印象。"

"您要有兴趣的话，我可以让公司相关部门给您做一个您公司的消费者画像参考参考，看看您公司的潜在消费人群都有什么特征，除了喜欢购买您公司产品的同时还喜欢购买哪些公司的产品。"

"可以呀，这个怎么收费呢？据我了解这种商业资讯报告都是需要收费的。"

"这个都好说啦，只要对您公司有用，这个不收费也没啥事，举手之劳而已。"

"行，那就麻烦您帮我们也做一个消费者画像分析报告。"

一周后，笔者将消费者画像报告发给Z总。相关内容展示如下：

"1. 贵司主要客户群体以'80后'为主，在'80后''90后'中的渗透率高于其他年龄段，品牌相对较年轻化；

2. 从性别上看，以男性用户为主，在男性中的渗透率与在女生中渗透率相差不大，男性的渗透率略微高于女性。

3. 从省份分布来看，贵司在沿海地区的用户占比较高，在东南沿海地区、京津地区、山东地区、东北地区等区域的渗透率较好，深圳、北京地区的渗透率尤为高，即贵司在发达省市有较高的品牌认知度。

4. 贵司品牌用户在一线城市、新一线城市中的占比、渗透率都很高，符合高端茶饮品牌的定位，但在三线及以下城市的占比和渗透率很低，下沉市场的产品设计及营销工作还有较大的提升空间。

5. 从 AOI 分布大类来看，TGI 前三的 AOI 分别是 CBD、商超及住宅小区。CBD 用户占比可达 52% 以上；进一步从 AOI 小类来看，高端 CBD 的渗透率最高，但在高等院校等学生用户群体的渗透率相对较低，可适当加强学生用户群体的产品设计与营销工作。

6. 从品牌上看，贵公司用户在快消饮品上主要偏好来自国际的咖饮品牌；从品类偏好上看，除茶饮咖啡、日常用品外，贵司用户较青睐高端白酒、奢侈品等产品。

7. 贵司新客数占比维持在 66% 左右，行业 TOP 品牌新客数略高于贵司，维持在 69% 左右；从柱状图各月新客户占比来看，贵司在大促团购阶段（抖音团购、美团团购）吸引新客效果较好，在 6 月以及 11 月下单的新用户占全年新用户的一半以上，特别是 6 月新客数占比明显高于行业 TOP 品牌新客数占比；从折线图新客环比增长来看，贵司新客增长主要团购大促节点，在 3 月、6 月、11 月的环比增长率较高，并且在 3 月、6 月明显高于行业 TOP 品牌新客环比增长率。

8. 从消费频次来看，2020 年贵司只购买一次及购买 10 单以上的比例低于同期行业 TOP 品牌，在购买频次为 2 ~ 10 单的用户占比高于行业 TOP 品牌；从复购来看，贵司在 2020 年复购用户占比约 31%，复购用户贡献的运单量占总运量的 56% 左右。与行业 TOP 品牌相比，复购用户占比以及复购用户贡献的运单量均高于行业 TOP 品牌。

9. 贵司在 2020 年仅下单一次的用户中，有 53% 的用户在大促（6 月 /11 月）下单，47% 的用户在平日下单；平日购买用户中有历史消费行为的占比高于大促期间购买中有历史消费行为的占比；在 2020 年仅购买一次的用户中，对有历史消费记录的用户可做针对性重点推广，增加这部分用户的购买频次，提高复购率。

10. 对复购用户的购买时机分布进行分析，29.52% 的复购用户仅在大团购（抖音、美团）购买，45.71% 的复购用户在平时和大促期间都会购买，24.77% 的用户仅在平时购买。进一步对 2020 年复购用户的历史消费行为进行分析发现，约四分之一的用户在 2019 年有过历史消费行为。

11. 在流失用户群体中，相比贵司所有用户数据，女性群体流失客户的渗透率略高于男性群体，在一定程度上说明流失用户略微以女性为主；从年龄上看，相比贵司所有用户数据，'90 后' 的流失渗透率明显高于其他年龄段，说明 '90 后' 的群体对贵司品牌忠诚度相对更低。

从前述分析可以得出，贵司用户主要分布在一线城市，偏好高端白酒、奢侈品等产品，在深圳、北京有较高品牌认知度，下沉市场的产品设计及营销工作还有较大的提升空间。贵司用户的用户群体主要以 '80 后' '90 后' 为主，在购买频次为 2 ~ 10 单的用户占比高于行业 TOP 品牌；在 '90 后' '00 后' 群体中流失较高，其他年龄段群体相对而言有更高的品牌忠诚度。具体的数据分析您看报告的统计部分。

因此，我根据这个消费者画像得出的结论就是您公司如果未来想做联名营销的话，建议和×台、湘×、五×液等品牌进行联名营销，很有可能打造出爆品，进一步渗透高端饮品市场，提升拉新转化率。

另外，××、×××也是我公司的客户，我和他们公司的相关人员之前有对接过，如果您有兴趣，回头我可以给您引荐，你们看看能否聊出火花。"

"谢谢C总，谢谢您详尽的分析报告，回去我们内部也会好好讨论一番的。这样，您看什么时候有空过来一趟，到时我让公司负责物流的同事和您详细聊聊，看物流这块有没有您比较感兴趣的业务。"

"好哇，期待合作。"

一周后，笔者与该公司物流H总对接上。

一个月后，笔者与该公司开启了部分物流合作。

总结该案例，我们发现：

1.生命，是一种回声。将欲取之，必先予之，赠人玫瑰，手有余香。爱出者爱返，福往者福来。

2.营销或许能够跨界，营销也需要跨界，当咖啡遇上茅台，您看，那是多么精彩纷呈。

创富知识小科普：

联名营销：是指两个或多个品牌合作，共同推出一款产品、服务或举办一项活动以达到双方或多方市场目标的营销策略。这种营销模式通常基于品牌的互补性、相似的目标消费群体以及对彼此品牌形象和市场地位的认可。"联名营销的核心在于品牌之间的互相借势和用户相互导流。"通过联名合作，品牌可以共享彼此的资源、渠道和用户群体，从而扩大市场覆盖范围和销售额。同时，联名营销也可以创造独特的卖点，吸引消费者的注意力，提高产品或服务的竞争力。

总结起来，品牌之间的联名营销可以产生以下效果：

1. 增强品牌价值（品牌高端化）：通过与高信誉或有独特形象的品牌合作，能够提升自身的品牌形象和市场定位。

2. 资源互补：通过共享资源，如客户群、渠道、技术、设计等，实现优势互补。

3. 创新产品／服务：联名可以激发新的内容、创意，打造出融合双方特色的产品或服务，满足消费者多元化的需求。

4. 提升品牌知名度：借助对方的品牌影响力，可以迅速扩大自身品牌的曝光度和认知度。

5. 吸引新顾客群：联名可帮助品牌跨越原有市场边界，触及原本可能无法接触到的新顾客群体，实现品牌破圈。

6. 降低拉新和转化成本：直接降低了新用户注册及下载 App 的成本，同时带动了产品的销售。

当然，联名营销也存在以下风险：

1. 品牌形象风险：联名营销需要选择合适的合作伙伴，如果合作伙伴的品牌形象不佳或存在负面新闻，可能会对自身品牌形象造成负面影响，甚至引发公关危机。

2.合作协调风险：联名营销需要合作双方密切协作，共同制订营销策略和推广计划。如果合作双方之间存在沟通不畅、利益分配不均等问题，可能会导致合作失败，甚至对双方关系产生长期负面影响。

3.市场反应风险：联名营销的效果受到多种因素的影响，如市场需求、竞争环境、消费者喜好等。如果市场反应不佳，可能会导致联名产品或服务销售不畅，造成库存积压和资金损失。

4.法律风险：联名营销涉及多个品牌或公司的合作，需要遵守相关法律法规和合同条款。如果合作双方之一存在违法行为或违约行为，可能会引发法律纠纷，对双方造成损失。

以上是笔者作为行外人士罗列的一些资讯，仅供参考。

内卷破除——产业链品牌升级篇：

6. 企业使命感篇

背景介绍：L 总为 ×× 股份财务负责人兼任公司物流负责人，之前和笔者并不认识，某次应地区销售邀请一起参与和客户的业务开发，面客之前，销售建立了微信沟通群，将笔者与 L 总及公司信息部相关的同事一起拉进群内，并开始了沟通。

"L 总您好！我们是 ×× 公司集团的解决方案组织，致力于拉通集团国际国内运输、仓储、科技大数据等相关板块，帮助客户提供端到端的供应链优化解决方案，为中国的制造业与商贸流通企业供应链数字化转型提供助力，帮助企业增收。"

"幸会 C 总，以前只知道您公司是做物流的，今天对您公司又有了新的了解，我们公司最近刚好在规划数字化转型相关的工作，我看您的介绍，我觉得咱们可以聊的东西有很多。"

"是的，公司在数字化这块布局已经很多年了，目前在财务数字化、管理数字化、办公数字化、运营数字化方面均取得了不错的成效，具体到供应链的数字化，我们可以帮助企业从销量预测，智能补货，仓网布局，一盘货打通，仓储运输的可视、可控、可预警管理，碳排放看板，以及智慧仓储均有不同程度的实践。致力于以自己企业的数字化转型的成功经验赋能中国企业数字化转型，用数据和技术为重新编写企业的商业 DNA，帮助企业实现智慧供应链、绿色供应链而奋斗终生。"

"看得出来，贵公司是一家很有家国情怀、有使命感的企业。您公司目前所具备的经验也是我们现在所需要的，未来的合作值得期待。"

"感谢 L 总对我司的认可，我们这些年也确实是这么做的，我们公司只要年度经营是赢利的，每年都会拿出净利润的 5% 用来进行社会公益事业，我们是一家很有社会使命感的企业。"

"嗯，之前每逢灾情，当大家都望而却步的时候，总能看到贵公司的员工逆向而行，不断奔赴一线，成就一道道美丽的风景线，这点上，我们公司也是这么做的，每年这块的拨款都是我来审核以用来进行社会公益事业。我觉得这样，今天通过对贵司的了解，我觉得我们<u>两家公司的企业价值观很相似</u>，可以合作的东西也很多，物流、智慧仓储、系统层面我觉得都可以聊，咱们约个时间，我到时提前预约我们董事长的时间，您到时带团队过来，我们当面沟通，咱俩尽量促成两家公司的战略合作。"

"好的 L 总，非常期待我们的合作。"

一周后，笔者同老板及公司相关成员与 L 总及其公司董事长 C 总进行了面对面的沟通，充分交流了供应链优化、数字化转型方面的诸多话题。

一个月后，笔者与 L 总公司实现了部分的物流合作。

三个月后，笔者所在的公司与 L 总所在的公司签署了战略合作协议。

半年后，笔者公司实现了和 L 总公司从智慧仓储改造、运输、系统方面的全方位合作。

通过该案例，我们发现：

<u>一家优秀的企业、值得信赖的企业必须是一家有使命感的企业。</u>

同理，一个优秀的营销人员也必须要有自己的使命感。

诸葛亮一身盖世才华，为啥心甘情愿追随刘备出来创业，除了刘备三顾茅庐的诚心，还有刘备那自始至终的使命感，从《隆中对》的描述我们就可以看出：

汉室倾颓，奸臣窃命，主上蒙尘。孤不度德量力，欲信大义于天下，而智术短浅，遂用猖蹶，至于今日。然志犹未已。

足见使命感之于企业、之于个人的重要性。

创富知识小科普：

<u>企业的社会责任及使命感</u>：企业的社会责任是指企业在追求经济效益的同时，应当积极履行对股东、员工、消费者、社区和环境等各个利益相关方的责任，以实现可持续发展和社会福祉的最大化。这包括"遵守商业道德、保护劳动者权益、保障生产安全、保护环境、支持慈善事业、捐助社会公益、保护弱势群体等"。

企业的使命感则是指企业存在的根本目的和核心价值，即企业为什么存在，要做什么，以及希望达成什么样的长远目标。企业的使命感应当与其社会责任紧密相关，体现企业对社会的贡献

和对利益相关方的承诺。

在当今社会，越来越多的企业开始意识到社会责任和使命感的重要性。履行社会责任不仅可以提高企业的声誉和形象，还可以增强企业的内部凝聚力和员工的归属感，促进企业的可持续发展。同时，具有强烈使命感的企业更有可能吸引和留住优秀的人才，激发员工的创造力和创新精神，从而推动企业的长期发展，"也更容易获得客户的长期信赖"。

因此，企业的社会责任和使命感已经成为现代企业管理的重要组成部分。企业应当积极履行社会责任，明确自身的使命和目标，以实现经济效益和社会福祉的共赢。

这里笔者再举一个企业使命感的例子，也是笔者近两年和很多"行业头部企业"交流后的一些想法，分享给大家：近两年，笔者和很多头部企业品牌聊合作时发现他们现在也都在喊着物流每年要降本多少百分比，"精益管理的思想极其严重"。大家可以想想，这是一个好现象吗？前面笔者在讨论内卷章节中有提到现今合同物流企业的普遍毛利在 5% 左右，您每年要求管理部门物流费用要降本 5%，能降几年？（行业生产力发展得多快才能支持您这个降本要求）难道物流企业亏着给您做服务（在前面的章节笔者多次提到社会情绪它具有传导性，"头部企业的经营管理行为、理念也被行业内所争相模仿着"，中国物流从业人员超 5500 万人，您作为头部企业您都带头这样，那这个行业从业人员未来怎么生存？）那如果头部企业都朝着这个趋势下去最终的结果是什么呢？那最后的结果就一定是劣币驱逐良币（甚至发展到后面极有可能会出现"假币"驱逐良币的现象），最后供应商给您的服务质量一定是会越来越低的，合作的怨气也会越来越大，最后就会把您的品牌从高端拉向低端，"国家的产业链品牌效应也会从高端拉向低端"（前面在品牌高端化章节笔者有提到品牌的高端除了产品的创新高端以外，"对应的供应链履约服务也须同步升级"，企业对应的"社会责任感"也须同步升级，它是全方位的。有句话说得很对，影响力／能力越大，责任也就越大，企业也是一样）。

那产业链／行业头部企业的使命是什么呢？提升产品质量，讲好品牌故事，持续创新，服务升级，"引领产业链／行业良性可持续发展"，升级社会责任感。向世界顶级行业头部企业看齐并超越它，中国的产业链升级才会有希望。

以上的文字笔者是"带有情绪"的，不一定公允，所以仅供参考。

说完带有情绪的话咱们再回归所谓的理性分析：现在中国的物流总成本占比真的高吗？目前市面上经常一提到要降本的主流论调动不动就说"美国物流总费用占比 GDP 为 11%，而中国物流总费用占比 GDP 为 14.6%，这个比例高于美国，所以有很大的下降空间"，那大家觉得这个论调对吗？笔者试着来分析下。

1. 中国是制造业大国，其中制造业物流总费用占比社会总物流费用一度超过 50%（中国的制造业占比 GDP 为 27.7%）；而美国不是，美国的制造业占比 GDP 比重是 11%。而"社会总物流费用中的大头部分就是制造业的物流费用"，按照这个比例中国的社会总物流成本占比 GDP 在 25% 左右才算合理，而现在是 14.6%（当然数据可能会有些许出入，但是大差不差），所以我们国家的物流费用占比是远远低于美国的，这里面我还没分析我们的外卖配送总物流费用（美国的外卖从业人员不足 10 万人，而中国的外卖从业人员近 1000 万人，外卖行业从属的"即时配"也是社会物流总费用的重要组成部分），所以您还想降本吗？

2. 我们在从中美的主要运输方式占比来看，其中铁路货运占美国货运市场份额为 41%，而中国不是，中国的主要的运输方式是公路运输，公路运输的运输量占比 75%，大家都知道"公路运输比铁路运输时效快"，您一边享受时效快的运输服务您还一边喊着要降本，哪有这种道理嘛？

3. 我们再来看我们国家的两个物流头部品牌企业：SF 物流和 JD 物流的 2023 年的毛利财报，其中 SF 物流 2023 年的毛利为 12.82%，JD 物流 2023 年的毛利率在 7.61%（摘自同花顺年报数据），以上这两个还是我们国家的物流行业"头部品牌企业"毛利情况，其他的物流企业的项目毛利就可想而知了（大家可能会觉得笔者是一个营销人员，说得浮夸了点，这里我建议下，有兴趣的可以和物流行业的从业人员多聊聊，春江水暖鸭先知嘛），作为一个资深股民，我很少见到一个"行业的头部品牌企业"毛利低于 20% 的。

第七章

———

内卷破除——产业链
升级之数字化转型篇

数字化转型篇：

1. 智慧仓储

背景介绍： S 总是国内某电子制造业上市公司供应链副总裁，笔者之前与 S 总在一次主题为"供应链数字化"的高峰论坛上加的微信，当时在论坛会场和 S 总交流时了解到 S 总公司正在做供应链数字化转型，现阶段在做原材料仓及成品仓的改造，想到这，笔者就提前将公司在原材料及成品仓储这块的智慧仓储成功案例整理成一份 PPT 并且主动联系 S 总：

"S 总您好！我记得上次咱们在论坛的时候您有提到咱们公司目前在针对原材料及成品仓这块做改造，现在到什么阶段了，有没有需要支持的地方？"

"C 总好！我们目前已经找 ×× 创新、×× 威视等几家针对一期的项目已经提交了几版方案了，基本上已经定下来大致的软硬件技术替代框架。但是在 WCS 这块的控制系统方面目前还没有比较好的解决方案，也没确定具体用哪家的方案，需要再比对比对。"

"了解了，上次会场也和您简单提了下我们公司在智慧仓储这块的能力，我这里整理了一份我们公司在原材料仓及成品仓这块的智慧仓储成功案例，给您参考下。"

"C总有心了，我先看看您的案例。"

"好，您先看，有任何问题，随时沟通。"

5分钟后，S总发来了消息。

"C总，你整理的资料我刚看完，我看你们公司给×××设计的原材料仓库和我现在的这个场景很相似，您有当初给他们的解决方案吗？我们可以参考参考。"

"具体的解决方案内部应该有的，但是出于客户信息保密的原则我们不能给您。您看这样行不，我回头和我们客户×××那边的物流负责人沟通下，看能否安排您公司的供应链团队到我们那个项目现场去参观下，顺便把我们公司的技术人员也一起喊过去给您现场讲解下，这样对您可能会更有用。"

"如果能安排到现场参观，那自然再好不过了。那我就等C总消息了。"

"好。"

一周后，客户同×××那边协调好具体的参观时间并同步给到S总。

参观当天，笔者同时还安排了公司操刀×××项目的技术团队同事一同到现场给客户做展示及技术讲解。S总回去后表示对当天的安排非常满意并邀请笔者带领公司技术团队到公司做项目调研、交流。

一周后，笔者带领相关同事一起前往S总公司做项目调研，详细了解了客户仓库从收料（卸货、抽检、上架）、备料（捡料、拆分)、库内配送(料件及包材的配送、余料退仓配送)、成品(送检、入库、存储、出货、装车)等各环节的详细作业流程,并拿到客户历史的库存及出货数、作业人员、仓库各层的平面结构图等数据作为参考。

拿到相关数据后,笔者将该项目在内部拆解为三个细分项目:智能仓储 + 智能物流 + 信息自动化三个子项目,并内部拉通相关同事输出整体解决方案。

两周后,笔者将公司三个子项目的相关同事邀请来到客户公司现场阐述方案,主要围绕以下几个点进行方案讲解:

1. 采用自动化 / 半自动化的硬件设备对客户现有的操作环节进行替代,降低仓库工作人员的工作强度,提高作业人员的效率,达到整体提质增效的目的。

2. 通过系统控制、集成的方式实现智慧物流、智慧仓储,对仓储、物流的所有环节、节点进行量化可视、过程监控与预警,进一步降低作业出错率。

讲解完方案后的两周,笔者整理了软件、硬件等相关产品的报价给到客户。

一个月后,客户内部决定智慧仓储一期项目的改造决定采用竞对海柔的方案,事后笔者自己总结了下该项目未成功的原因:

1. 介入时间太短,与客户互相了解的都不多,竞对介入比较早,方案都已经输出好几版了。

2. 价格问题,笔者公司更多的是提供整体解决方案,软件有优势,但是硬件是外包给其他供应商。

然而故事却并没有到此结束,通过一期项目的接洽,让客户了解到笔者公司在供应链数字化方面的能力，后面客户智慧仓储二期、三期的改造均有邀请笔者公司参与方案设计，并且与笔者公司开启了物流运输方面的合作。

通过该案例，我们发现：

1.智慧供应链、数字化转型在国内应用目前尚属一个初步的阶段，国企先行，行业的头部企业、腰部企业这几年在逐步跟进，因此，这是一个相对比较"新"的领域，行业应用的相关经验也需要甲乙方一起积累与沉淀，所以，只要有机会介入，任何时候都不晚。

2.胜败乃兵家常事。不断总结、不断精进。也许这次你输掉了项目，但是你和客户建立了链接，失了项目但是积累了经验，这次虽然介入晚了，但是对于下一次项目合作来说，您此时与客户的链接就已经是抢占先机了。

创富知识小科普：

智慧仓储：是指运用现代信息技术和物联网技术，将自动化设备、智能感知系统、大数据分析、云计算等先进技术深度融合到传统仓储管理中，从而实现仓储作业的智能化、高效化和精细化。

智慧仓储的主要特点与优势包括：

1.自动化操作：通过 AGV 自动引导车、AS/RS 自动化立体仓库、自动化拣选系统等智能设备，实现货物的自动化存储、搬运和分拣。

2.实时监控与可视化管理：利用物联网传感器、RFID 射频识别技术、视频监控等手段，实时获取库存信息、库位状态、环境参数（如温度、湿度）等数据，并以可视化方式呈现，提高仓库管理水平。

3. 大数据分析与预测：结合历史数据和实时数据，对需求量、库存周转率、补货周期等进行深度分析与预测，优化库存结构，减少库存成本，提升库存周转效率。

4. 智能调度与决策支持：采用先进的算法模型，实现订单处理、资源调度、路径规划等方面的智能决策，确保仓库运营流程顺畅、高效。

5. 集成化平台：建立统一的信息管理系统，集成 ERP、WMS、TMS 等各类业务系统，打破信息孤岛，实现供应链各环节无缝对接。

6. 灵活应变能力：在面对市场波动、季节性变化以及突发状况时，智慧仓储能够快速调整策略，确保物流服务的稳定性和及时性。

智慧仓储不仅极大地提升了仓储作业的效率和准确性，降低了出错率，而且为企业的经营决策提供了有力的数据支持，有助于企业在激烈的市场竞争中保持竞争优势。

数字化转型篇：

2.科技供应链（传感器）篇

今年（2021年）天猫618品牌销量排名已经出炉，大家可以重点关注下各自区域内今年销量突然暴涨的品牌。——老板开始在工作群内布置任务。

笔者关注到了一个新锐服装品牌，今年618的销量数据挤进了天猫内衣垂直品类前10。

通过朋友打听拿到该品牌的创始人L总的联系方式，电话陌拜L总加上微信后开始对接。

"L总您好！我是××公司的××行业的行业解决方案C×，近期有关注到贵公司今年618的预售数据比较好，××公司这边对于高成长性品牌比较关注，看后期能否用我司在大数据科技领域的相关产品帮助贵司在供应链计划、需求预测、自动补货、门店选址、端到端可控可视可预警方面提供支持，希望能和您约个时间当面沟通下。"

"我们前几天还想着找你们公司聊聊的。"（来自客户L总的回复）

缘分就这么来了。

非常顺利地与客户供应链、物流团队的相关的人员对接起来了，预约了线上会议沟通的时间。

会议中，笔者了解到客户目前在供应链环节中的主要痛点：

1. 所有销售订单均来自线上，退货率高达 30%。

2. SKU 数量多，仓库操作难度大，尤其退货操作更大，没有爆款 SKU，整体库存周转率低。

3. 公司产品目前在市面上出现大量的贴牌仿品，严重影响公司品牌在消费者眼中的形象。

4. 公司新收购海外一个同行的高端品牌，想通过收购来带动主品牌的高端化，提升产品溢价，同时未来有通过门店来进行线下销售的规划。

5. 现有物流承运商给终端消费者的履约体验差，时效慢且包装差。

了解完客户目前在供应端存在的问题后，笔者迅速调动内部资源进行方案制作，给出以下解决方案：

1. 所有销售订单均来自线上，退货率高达 30%。针对这块，笔者拉通公司科技产品部，根据客户历史的订单数进行消费者画像分析，从而辅助客户对已经产生订单的消费者及潜在消费者做一个更加精准的了解，为后期新品的研发提供更加精准的建议，从而降低退货率。

2. 针对客户的第 2、3、4 点，笔者汲取当时市面上头部企业在科技方面的应用案例，给客户推荐了 RFID 方案，从工厂一仓库—门店—收银—退货使用 RFID 进行嵌入：标签生产→工厂赋码→工厂发货→仓库收货→仓库盘点→仓库出货→门店收货→门店盘点→批量收银→数据分析使用全环节 RFID 嵌入方案。

3. 针对客户的第五点与第三点的痛点，我们为客户更换使用了 SF 的快递产品服务，同时允许客户在直播间做宣传使用"SF 包邮"，在提升交付时效、优化包装的情况下，与头部企业牵手合作也为客户在市面上带来更高端的品牌形象。

两个月后，笔者与客户签署了合作合同。

三个月后，客户虽然没有启动 RFID 方案，但是把华东区域的仓配业务交给了笔者运作。

几年后，该客户营业额较之当初合作时期的营业额翻了两倍，营业额挤入 10 亿元俱乐部。

几年后再回顾这个案例，发现当初合作的几个考虑点：

1. 我们平时做 KA 客户关注更多的是市面上的龙头企业或者头部企业，却在很大程度上忽略了行业高成长型的企业未来的发展潜力，殊不知那些"行业龙头也都是从中小微企业不断成长起来的"，在当前市场行业内卷如此严重的环境下，发现和关注高成长性的行业与企业可以让我们从竞争性思维向创造性思维转变，开启一条新的业绩增长之路。

2. 在为客户设计解决方案时不要仅仅局限于某一个与自己高度相关的点，比如，你如果只是从物流、仓储、配送的角度为客户设计方案，你可能也只是某某物流公司之一，除了去和竞对比成本，笔者想不到你其他还能对客户有赋能的地方，但如果你以经营者的思维了解客户在公司整体经营的角度去发掘客户在全供应链条上，甚至更大的视角为客户定制方案，你会将你的竞争对手甩得远远的，客户和你的合作黏性也会更加紧密。

3. 科学技术就是第一生产力，时刻关注科技产品在各行业中的应用，创新的解决方案永远比你去和竞对拼价格更让客户尊敬。

《周易》有云："日新之谓盛德，不日新者必日退。"要想对您的客户持续产生价值，保持终身学习的习惯是必不可少的，时常更新自己的知识体系，保持对新事物的好奇心、探索欲，您会发现，您的营销之路会越走越宽。

创富知识小科普：

RFID 知识的普及：

RFID（Radio Frequency Identification）即射频识别，是一种通过无线电信号识别特定目标并读取相关数据的技术。这种技术利用射频信号和其空间耦合、传输特性，实现对静止或移动物品的自动识别。使企业能够更有效地移动，计算和跟踪产品和资产，它有以下几大特点：

1. 物品的唯一标识（可用于防伪、溯源）。

2. 方便高效的信息读取（可批量读取）。

3. 移动数据库。

4. 资源的重复利用。

5. 灵活的标识方式。

主要的应用机会有以下几个：

- 高价值物品：资产本身价值远大于标签价格（奢侈品、电子产品、高档烟酒）

- 高危险物品：希望远距离读取信息，人员不靠近（高压线缆、危险储罐）

- 无法加装条码标签的物品（轮胎、大型钢板）

- 不宜于开箱检查的、不宜移动的资产（机械器材）

- 有高效读取需求的资产（均需物质、批量入库、出库）

未来，RFID 技术将在电商零售、资产管理、载具、公共交通、身份识别、防伪溯源等企业科技供应链转型中发挥重要的价值。RFID 属于传感器中的一种。

传感器：传感器是建设数字中国的关键技术之一，目前传感器芯片及高端传感器市场主要被美日欧企业垄断，国产替代空间广阔。在新能源汽车、工业自动化、医疗、环保、消费等领域智能化、数字化需求的持续带动下，全球智能传感器市场规模保持稳步增长。

传感器引领智能时代。传感器是数据采集的源头、被誉为"万物互联之眼"，根据国家十四五规划纲要，传感器与高端芯片、操作系统、人工智能关键算法等并列，是建设数字中国的关键技术。传感器作为一种检测装置，能感受到被测量的信息，并能将感受到的信息，按一定规律变换成为电信号或其他所需形式的信息输出，以满足信息的传输、处理、存储、显示、记录和控制等要求。

2022 年，国务院发布《计量发展规划 2021—2035》，提出"重点开展量子精密测量和传感器件制备集成技术、量子传感测量技术研究"。因此，量子传感技术应该在我国未来的医疗、航天、军事等领域取得更广泛的推广及应用。

数字化转型篇:

3. 数字孪生

背景介绍: ××股份是国内某知名上市头部新能源制造企业,该公司在湖南长沙新建了生产园区。新园区占地上万平方米,有生产车间、办公室、成品及原材料仓库等各种功能建筑。笔者了解到这一资讯后,找朋友打听拿到该公司供应链负责人H总的联系方式。电话陌拜加上客户微信后,主动联系H总。

"H总您好!很高兴认识您。"

"如刚电话沟通,您公司在长沙的新厂场内规划这块我们公司有能力给您提供一个好的解决方案。"

"你们公司有这方面的成功案例吗?"

"有的呀,我们公司目前在国内其他地方开新仓及建设新的物流园区设计这块都是我们自己弄的,所以在园区规划设计这块的经验很丰富,对于人车货场这块的数字化管理都有一套成熟的解决方案,我们只不过是把自己这方面的能力沉淀成标准化的产品对外部客户进行赋能而已,也是希望用我们公司的这些经验帮助客户避免一些我们曾经踩过的坑。"

　　"那你们主要通过什么方式或者说什么核心技术来规划设计方案呢？"

　　"我们主要的核心能力就是数字孪生技术在场内的应用，这个技术除了可以应用在您新厂区内的各类型仓库的库内规划、设备管理、包装容器、作业流程设计、人员排班、内部调度，还能将该技术应用在您的供应链网络及供应链的上下游中去，比如您的上游客户及下游供应商、您的国内物流网络、您的海外仓网络、您公司的能耗管理，我们都可以利用该技术帮助您公司做优化，寻找最优解。"

　　"那具体怎么实现呢？你们是通过什么样的方式来达到优化效果的呢？这个我不是很明白。"

　　"主要就是通过对您现有的实物、网络及流程构建一个虚拟的环境来进行设计和模拟的。通过数据采集、机器学习、数据挖掘、模拟现实原型进行三维架构重建、渲染。新冠疫情以来，我发现现在的企业都很重视降本需求，我们这个技术就可以帮助您公司：

　　1.事前推演、规划、资源调配、投放、设计上利用模型来寻找最优解，无须现实场景的诸多摸索、碰壁、踩坑。

　　2.事中数据、状态展示、监控、实时状态、预警预测。

　　3.事后通过数据不断验证以及进行策略调优从而提高结果的精确度。

　　最终帮助您公司的运营决策变革、运作效率优化、作业成本下降、安全性能提升。"

　　"听起来确实是个很厉害的技术，听你这么介绍我感觉数字孪生技术可以应用在企业的数字化转型的方方面面，那这个技术就没有什么缺陷吗？"

"岂止是企业数字化转型领域，未来甚至万事万物的各项属性、功能检测都有可能通过数字孪生技术来实现（当然那是一种理想状态，任重道远），缺陷当然也有，现实中的一些物理化的实物通过数字孪生技术来仿真是可以实现的，但是对于很多东西我们其实是没法通过模型来仿真的，比如人体健康：中医里面讲的魂、魄、神、经脉、穴位，你说魂、魄、神、经脉、穴位这些人体中重要的健康元素你能通过仿真技术来量化吗？至少目前它是不能的，所以对于一些目前人类认知外的东西我们就没法构建一个精确量化的虚拟模型来进行仿真，最终的结果自然是没法通过这个技术来精准预测的，这个就是目前数字孪生技术最大的发展限制。但是现实中一些没有生命体的实物的存在，我们数字孪生仿真的技术已经很完善了，这个您不用有过多的担忧。"

"学习了，找机会当面交流交流。"

"好哇，您看什么时间方便，我到时去拜访您。"

"好，我到时和新厂的厂长那边确认好时间同步您。"

"期待和您的见面。"

一周后，笔者带公司相关同事前往客户新厂调研。

两周后，笔者公司针对客户关注的园区管理、仓库向客户输出了完整的厂区人车货场的智慧解决方案。

两个月后，笔者公司与客户开启了物流领域的数字化领域的合作。

通过该案例，我们发现：

企业的试错成本是企业发展过程中很大的成本支出，通过新技术的应用可以降低企业在这块的成本支出。现实中要做的事，我们在虚拟模型中先推演一番，未来的商业发展，从规划设计、研发、生产、营销、供应链到售后都离不开数字化的应用，既然数字化的趋势不可逆，那我们就拥抱它、用起来。

创富知识小科普：

园区的管理：现代物流园区、工厂园区的管理实质上就是四个元素的管理，即人、车、货、场的管理。涉及场景比较多，核心就是围绕人性化、安全性、人员车辆的进出有序、全场景实时可视、全场景预警、数据分析及追踪进行管理。做到这些点都离不开对场景的实时数据的抓取、离不开各种传感器，离不开AIOT，更离不开系统集成。先场景元素化、再系统信息化，进而数字化，最后达到智慧化。这也是企业数字化转型的过程中非常重要的一部分。

所以，这需要的是一个综合解决方案，涉及硬件、软件、系统集成，主要围绕以下四个方面展开：

1.人员管理：人员管理是数字化管理的核心之一。通过数字化技术，可以实现对员工的全面高效且人性化的管理，包括员工的工作情绪、状态、工作进度、工作质量等。例如，数字化人事考勤系统：提前知道员工的生日并及时进行关爱。

2.车辆管理：车辆是物流运输中的重要工具，数字化技术可以帮助企业实现对车辆的全面管理。例如，通过GPS定位系统，可以实时监测车辆的位置和行驶轨迹，实现对车辆的有效调度。

3. 货物管理：货物是物流运输中的重要内容，数字化技术可以帮助企业实现对货物的全面管理。例如，通过 RFID 技术，可以实现对货物的快速识别和跟踪，提高管理效率。

4. 场地管理：场地是物流运输中的重要场所，数字化技术可以帮助企业实现对场地的全面管理。例如，通过数字化监控系统，可以实时监测场地的安全状况，提高管理效率。

这方面目前行业内做得比较好的有 SF 科技、JD、菜鸟、万纬、普洛斯等企业。

数字化转型篇：

4. 供应链数字化

背景介绍： 笔者在下班的途中无意中发现附近有个新工厂投产使用了，一看企业名字 ×× 科技，这才想起几年前笔者接触过该公司的物流负责人 H 总，当初有和 H 总聊供应链的数字化转型相关的相关产品（硬件、系统），但是最终因为价格没有合作成功。于是笔者给 H 总微信留言了：

"H 总，咱们在华南又新投产了一个工厂哈？（随后把手机拍下的图片发给 H 总），恭喜呀！"

"嗯，C 总这是经过附近了？"

"是呀，之前没注意，今天来分公司这边，刚好看见咱们新工厂就想起您了，向您问候一下。您公司的供应链数字化现在做得怎样了？"

"您有心了，我们总部这边的供应链中台搭建得差不多了，之前的智慧仓储项目目前都快完工了，预计今年底可以投入使用了，您现在在哪高就？"

"忘了和您汇报动态了，我现在在 ×× 公司这边负责营销板块，刚经过您这个新厂发现距离我这附近的分拨中心很近，不到两公里，您这新厂的物流要是交给我来做，这个提货就方便多了，前端的提货费都可以给您免了。"

"如果如 C 总您说的工厂距离您公司的分拨中心不到两公里，那提货确实会很方便。"

"这个是我们分拨中心的定位，您看下，哪天您时间方便了，可以带您物流管理团队来我们公司的分拨中心参观参观。"

"还真蛮近的，把你们公司资料发来我看看。"

"好哩，发您参考下，要不咱们本周约个时间，我当面给您汇报下公司这边相关产品及行业运作经验。"

"可以，这样，你周四下午带上资料过来公司一趟吧。"

"好哩！"

几天后见到 H 总，做了客户的物流需求评估。

一周后，H 总带领团队前往笔者的分拨中心参观。

两个月后，笔者经过多轮议价最终和 H 总签署了合作合同，开启了物流合作。

总结该案列，我们发现：

1. 抓住营销的黄金时间点很重要，以下是业务人员的重点营销时间节点：

1）公司扩大规模的时候——开新厂的时候；

2）企业改革的时候；

3）运作出现痛点的时候；

4）旺季来临的时候（618、"双 11"、"双 12"、订货会、金九银十等）；

5）年度招标的时候。

2.善于总结历史失败的业务经验并吸取教训，那些经验或许能成为下一个成功案例的关键因素。

创富知识小科普：

供应链数字化：供应链数字化是指利用互联网、物联网、大数据、人工智能等新一代信息技术，对供应链中的各个环节（对象、过程、规则）进行数字化改造和升级，实现供应链的数字化管理、智能化决策和高效运作。

供应链数字化的过程主要包括以下几个步骤：

1.确定数字化目标：明确数字化要达到的目标，例如提高供应链的透明度、降低库存成本、提高交货速度等。

2.数据采集和分析：利用物联网、传感器等技术采集供应链各环节的数据，进行分析和挖掘，了解供应链的运行情况。

3.数字孪生技术：建立数字孪生模型，模拟供应链的运行情况，进行仿真和优化。

4.数字化平台建设：构建数字化平台，整合供应链各环节的数据和信息，实现信息的共享和协同。

5.智能化决策：利用大数据、人工智能等技术，对供应链数据进行智能分析和预测，为企业的决策提供支持。

6.持续优化和改进：根据数字化平台的数据和分析结果，不断优化和改进供应链的管理和运营，提高供应链的效率和竞争力。

需要注意的是，供应链数字化的过程是一个持续不断的过程，需要不断地进行技术更新和优化，以适应市场的变化和企业的需求。同时，数字化过程中也需要"注重数据的安全和隐私保护"，确保数据的合法性和安全性。供应链数字化是企业数字化转型的重要组成部分，可以提高企业的运营效率和竞争力。

2020年8月国务院资产监督管理委员会印发《关于加快推进国有企业数字化转型工作的通知》，国企率先走在了企业数字化转型的潮头，扛起了数字化的大旗，起到了很好的带头作用，民营企业也逐渐意识到数字化转型的重要性，不断加入进来。

这里笔者说一个在这种社会数字化转型的大背景下观察到的社会现象分享给大家，自己近几年发现各个企业的加班现象很严重，尤其那些搞IT、写代码的朋友，一问他们就说公司在搞数字化，得加班加点赶项目进度。从和他们的沟通中能感觉到企业高层对于数字化转型心态的迫切，这个说明企业高层从战略上重视数字化了，这是好事。但同时也需要意识到企业的数字化转型非一日之功，而是日日不断之功，华为的企业数字化转型从2000年就开始了，美的数字化也都从10年前开始的，它不是一蹴而就的。说到这里可能有人会说了，华为的加班现象也很严重呀，那您再对标下华为的工资，给我那么高我也愿意呀。谁还不想挣个钱哪？您至少不能让员工带着怨气加班嘛（那会影响您企业能量的），须知"企业它也是有能量的，企业的能量也是需要经营的"（在前面的社会情绪之解决方案章节中笔者也提到过"企业能量"，大家感兴趣的可以重新回头再仔细看看）。

数字化转型篇：

5. 企业全面数字化转型

　　这个章节笔者转述一个身边的客户企业数字化转型的过程，这个客户是国内某知名鞋服企业（老板叫 Z 总），最早是做淘宝起家的，创业初期，单量比较少，也没有品牌意识，都是找供应商把自己在平台上接到的订单每天自己用 Excel 表格统计然后发给厂家，让厂家代为发货。

　　这样做了几年，订单量慢慢起来了，Z 总发现整体毛利不高，恰好又碰上了淘宝推出淘宝商城（天猫），开始意识到做自有品牌的重要性，于是 Z 总就注册了自己公司的品牌，和代工厂合作批量制作属于自己品牌的产品，入驻了天猫商城。赶上了流量红利期，Z 总的订单量慢慢就起来了，从原来的每天几十单到后来每天 500 单左右的销量，Z 总于是新招了几个客服，同时还自建了仓库，仓库也雇了几个人发货，为了提升发货的效率和准确性，Z 总当时就买了一个打单软件。

　　两年后，Z 总尝到了做自有品牌的甜头，于是就想着既然我天猫做得不错，那我其他平台也可以做呀，于是就相继入驻了其他的主流电商平台，这期间，由于订单量慢慢增多，由原来的日均 500 单突破到日均 1500 单，Z 总也在企业发展的过程中逐渐意识到成本的重要性，于是就买了一套 ERP 系统，在 ERP 系统中操作采购和财务结算，算是有了初步的进销存系统，实现了企业的信息化管理。

几年后，Z 总公司的订单量稳定到每天 6000 单以上，公司规模也从当初的一人扩张到上百人，仓储部、采购部、电商客服部，财务部分工明确。在这期间，Z 总发现线上平台虽然目前经营不错，但是严重依赖电商平台的流量支持，同时也发现线上的销售退货率相对比较高，但是坚定做品牌的线路是不变的，为了提高企业品牌的知名度，Z 总决定尝试线下开一些旗舰体验店（与消费者近距离的互动，让品牌形象、理念走入消费者心中），尝试线下门店触达客户的方式。但是照这个趋势下去，Z 总有一些问题就必须要提前考虑了：

1. 仓库扩张：目前只有一个仓库发货，仓库作业效能基本已经达到极限，随着后续门店的铺设，肯定要考虑扩仓的，具体扩几个仓，在哪里扩仓最好，这个是 Z 总需要考虑的问题。

2. 系统问题：当前按单付费的打单软件已经不能满足自己的仓库需求了，而且每个月的费用很高，都够自己自行开发一套系统了。而且系统之间没有联动，靠人工匹配经常出错，严重影响效率。

3. 长远规划：开线下体验门店、自建商城，加强品牌管理。

基于以上几点考量，Z 总咨询了一些行业专业人士，决定未来自建一套供应链系统，用来支持多渠道售货，多仓发货，于是成立了专门的 IT 部门，招聘产品经理设计自己的供应链系统。

一年后，Z 总公司的供应链系统终于上线了，底层基础数据统一，系统之间信息完全互通，操作起来也方便。为后面 Z 总公司后续业务的转型和扩张打下了坚实的基础。

几年后，Z 总抓住了"悦己、展示自我"新女性消费风口，线下门店节节开花，基本上覆盖了国内一二线城市，还请了某知名明星代言产品，公司的年营业额也跨入了 20 亿元俱乐部。公司员工也从以前的几百人逐渐突破到 2000 多人，这期间，公司逐渐开发 / 引进了数字化办公系统、差旅报销系统、智慧门店管理系统、供应链控制塔等系统。随着营业额的增长，公司自建了工厂，上线了 WES 系统，同时引进了园区的人、车、货、场数字化管理系统。

几年后，Z 总公司迈入了 50 亿元俱乐部，公司员工也从原来的 2000 多人增加到 5000 多人，进入了服装行业的头部品牌的行列。此时 Z 总考虑到公司未来的品牌形象以及永续经营的问题，开始从"未来视角、行业及产业视角、人类的社会责任视角、全球市场视角"对企业品牌形象进一步升级改造。于是收购某国际知名高端服饰品牌，扩大线下品牌体验店数量，回收了所有经销商手上的奥莱渠道和线上店铺的经营权，积极参与慈善事业，倡导低碳绿色生活工作理念，自建了自动化仓库，构建和发展企业私域流量，筹备融资上市等一系列动作。这期间企业又上线了能耗管理系统，上线了 WMS、WCS 系统，企业数字化运营可视化大看板等相关系统。

且故事还在继续着……

通过该案例我们发现：<u>企业的数字化转型非一日之功，在企业的不同发展时期有不同的体现，在不同的时代技术及业务背景下有不同的需求。需要不断更新迭代以适应新的业务发展及时代背景。</u>

创富知识小科普：

企业数字化转型是指企业利用互联网、物联网、大数据、人工智能等数字技术，对其经营模式、业务流程、员工工作方式、客户服务等重要方面进行全面的数字化升级和改造重构。这种转型旨在提高企业的运营效率、员工的人性化管理、智能化程度，从而应对日益激烈的市场竞争和顾客需求，提升企业的竞争力和市场份额。

企业数字化转型主要包括以下几个方面：

1. 数字化产品：转变产品定位，尽可能在产品上创新集成物理和链接功能，提供产品的数字化链接功能，打造新的用户体验。

2. 数字化工厂：建立数字化的生产系统和过程，以及网络化分布式生产设施。

3. 数字化生产：整个企业的生产物流管理、MES、人机互动等以及新的智能化生产技术在工业生产过程中的应用。

4. 数字化供应链：通过互联网、物联网，整合供应链资源，充分发挥现有供应链资源的效率。

5. 数字化商务和管理：通过数字化技术，优化商务和管理流程，实现网络精准营销和在线支持服务等，转变商业模式和人性化的管理模式。

数字化转型的本质是利用数字技术，使企业的业务、运营和管理更加人性化、高效、准确和智能，为员工减负，从而提升员工对企业的认同感及凝聚力。这种转型不仅涉及技术的升级和应用，更涉及企业的战略、组织、文化等多个方面的变革。企业数字化转型的目标是实现企业的转型升级，从而更好地适应市场和客户的变化，并在数字化时代中取得更大的发展机遇。

企业数字化转型相关的资讯市面上有很多，这里笔者也谈一些自己的浅见（理解）：

笔者认为：企业的数字化转型不亚于一场战役，新技术与旧技术战役。因此笔者尝试用《孙子兵法》的视角来谈几点看法：

1. 道：上下同欲者胜。所以企业的数字化转型是一把手工程。需要企业从上至下形成数字化转型的"共识"与"意志"。

2. 天：天者，阴阳、寒暑、时制也。天下大势、顺天应人。数字化的大势既然已不可挡、不可逆。我们唯一能做的就是顺应趋势，去拥抱它，这就是天时。

3. 地：地者，远近、险易、广狭、死生也。这里笔者的理解就是现在社会在互联网、物联网（传感器）、大数据、人工智能、数字孪生等领域的技术已经日趋成熟，又有很多优秀的企业（华为、美的以及众多国企）沉淀了各行业成功的解决方案，SaaS、Pass、Lass 等 IT 产品也都已经日趋完善。所以地利也已经成熟。

4. 将：将者，智、信、仁、勇、严也。引用宋朝梅尧臣的注解：智能发谋、信能赏罚、仁能附众、勇能果断，严能立威。

5.法：*法者，曲制、管道、主用也。*搭建企业数字化转型项目团队，明析纽织架构；确定团队成员 KPI 考核制度（将企业的数字化转型的进度、成果绑定到各部门的 KPI 考核上）；结合企业自身情况控制好预算，并且也要"注意处理好各生产关系之间的利益"。

凡此五者，将莫不闻，知之者胜，不知者不胜。

第八章

个人实践篇：定制化搬家服务

　　背景介绍：M总是某中小企业老板，与笔者主管是朋友，因公司需要搬迁到新办公地点，找到笔者老板想要咨询搬家及公司搬迁服务，老板安排笔者与M总进行对接，拿到联系方式后，笔者和客户加上了微信，于是主动找到M总进行沟通。

　　"M总您好！我是××公司的CC，很高兴认识您。听我朋友Jerry说您近期需要搬办公室及搬家，我们公司可以根据您的具体需求设计专业的搬家／搬迁解决方案。"

　　"C总你好！是这样，我们公司是××、×××等国际奢侈品牌在深圳地区的代理经销商，主要通过独立站进行B2C跨境电商贸易，这两年业务发展比较快，现有在南山的办公室已经不够用，要搬到龙华那边的新办公室去，同时因为办公地址的搬迁，我和我的同事们的住房也需要搬迁到龙华那边去，您公司可以操作吗？"

　　"可以的呀。这个我们比较擅长，你这真是赶巧了，我们前段时间刚成立的新公司，专门针对搬家及办公室搬迁、门店开业提供高端定制服务，服务主要涉及以下几个方面，我发给您，您参考下：

　　1. 根据中国传统文化为客户筹备专业、喜庆的搬家仪式。

　　2. 针对您的贵重家具家居提供定制化的包装服务。

　　3. 物流服务：针对取件地和收件地之间的距离提供车辆运输、货物装卸服务。

4. 提供定制化的良辰吉日服务：老师根据客户的行业属性及具体要求，提供'定制化的选日择时服务'。

5. 盆栽绿植服务：根据您的家居及办公环境提供'定制化的绿植及室内空间规划服务'。

6. 专业的家政服务：为您提供物品整理、收纳及保洁服务。

另外在整个搬家的过程中我们公司会对您的地板、门进行细致的防护，以免在搬的过程中对您的地板、门造成损坏，搬好以后我们也可以为您新家提供红地毯服务，给您满满的入驻仪式感。"

"细致哦，没想到你们现在的搬家服务都这么专业了，这服务也正是我想要的，我前几天还想着找个大师给挑个良辰吉日的，绿植这块也是我们所需要的。"

"我们公司的老师可能算不上大师哦，但是我们团队希望能给客户带来正向能量的心是真诚的，所以我们公司就叫'深圳市正能量搬家服务有限公司'（我们公司选在'天赦日'开业的，那天也是中华大地正能量复苏的日子）。"

"不错哦，这样，您做个细致的报价单给我。"

"好哩，报价我稍后就发给您。"

两周后，M 总的"新公司搬迁及搬家"结束。

后续的几个月，又陆续合作了几个 M 总推过来的"门店开业"的新客户。

基于此案例，我们发现：

一个很普通的搬家服务只要您用心去做，也能做出卓越来。

创富知识小讨论:

搬家／搬迁物流:本章就不做过多的讨论了,这里纯属是给自己操盘的公司打个广告,大家以后多支持!

前面的章节笔者多次提到"能量"这个词,笔者认为:人有能量,企业有能量,家庭也有能量,合起来就是"社会的能量"。

因此正能量公司的企业使命是:"致力于改善社会能量。"

第九章

营销的"道"

背景介绍：L 总为某高端制造业上市公司供应链总监，笔者同 L 总加上微信后，一直没见过面，想做 L 总公司的业务，一直找不到门路。然后某一次刷微信小视频时，发现 L 总点赞"衡阳保卫战"的视频，才知道原来 L 总和笔者是老乡。于是笔者主动联系 L 总。

"L 总，您是湖南人？"

"是的，您怎么知道我是湖南的？"

"我是刚刷朋友圈小视频才发现您和我是老乡啊。"

"怎么，您也是湖南的？"

"嗯，我是湖南衡阳人。"

"这么巧？我也是衡阳的。"

"缘分哪，刚看您点赞刷抗日战争—衡阳保卫战的视频，所以和您打个招呼，问个好，还真没想到竟然是老乡。您平时也喜欢看一些抗战史？"

"嗯，闲的时候看到关于家乡的资讯，会浏览下，刚看到衡阳保卫战好像要被拍成电影了，所以关注下。"

"嗯，衡阳保卫战确实值得被我们这一辈人记住，我爷爷当时就是其中幸存的一员，当年那场战争的惨烈程度，世间罕见。"

"怎么说？看来 C 总对这段历史了解很多。"

"算是吧，听我爷爷提起过一些，后面自己也陆陆续续地搜了一些资料，对当年的那场战争的精神有非常强烈的感触。这么说吧，在战争发生之前，当时的衡阳城完好的楼房有 50000 栋，衡阳保卫战过后，完好的建筑只剩下 5 栋，其余的可以说尽数被毁。日军当时出动了 300 多台战机对衡阳城进行轰炸，日军 11 万名士兵原本想三天拿下衡阳的，但是当时在方先觉军长的带领下（中国军队 17000 多名将士和 3000 多名衡阳民工参战），愣是拖住日军长达 47 天，重创日军 7 万余人（其中 4.8 万名日军被击毙），堪称战争史上的奇迹。衡阳保卫战是整个抗战史上敌我双方伤亡最多，中国军队正面交战时间最长，最为惨烈的城市攻防战，这一战也直接打出了中国人的尊严。因此咱们衡阳早在 1946 年就被定为国家唯一命名的抗战纪念城，这个真的是咱们衡阳人的骄傲。衡阳这座城市因为这场战争毛泽东主席曾经高度评价过（在抗战时期，衡阳的 GDP 仅次于上海，位居全国第二，现今衡阳已经沦为三线城市，已不见往日辉煌，当初那场战争也直接摧毁了衡阳早期的工业体系）。"

"没想到老乡对这段历史了解得如此之深。"

"对家乡的历史比较感兴趣，所以会花点时间去了解，老乡如果也有兴趣的话，建议你在抖音搜索'生我养我的地方，生如湘江'能了解到这段战争相关的历史。不怕老乡笑话，我之前看这个是看一次哭一次。"

"哈哈哈哈哈，看不出来哈，老乡竟然也是性情中人，你平时在哪儿比较多，我住福田这边，下次空了过来喝茶，给你介绍一些老乡认识认识。"

"好哩，期待。"

一周后，笔者和老乡 L 总见上面。

三个月后，L总公司合作的一个承运商在东北运输线运作方面配合得不是很好，L总就找笔者询价了。

四个月后，笔者与L总公司启动了物流合作。

通过以上案例，我们可以看出：

1.《道德经》讲：大音希声、大象无形。顶级的营销应该是没有术的，更是无形无色的，所谓无招胜有招，大概说的就是这个道理——"真诚"，能让您无往不利。

2. 金庸先生小说中描述顶级侠客也曾提到"重剑无锋、大巧不工"。所以真正的剑技不是要依靠剑锋，而是靠个人的修行，人生无处不营销，营销即修行，一生的修行。所以需要持续不断的学习、不断精进、不断体悟，最终达成属于您自己的"道"。

创富知识小科普：

营销的"道"是什么呢？真诚？那真诚又是什么？在笔者看来真诚不是愚善。

是菩萨心肠，金刚手段；心中有佛，手里有刀。

一阴一阳之谓道嘛！

后记

营销之道为创富之道，它应该符合天之道。

《道德经》说："天之道，损有余而补不足。"大乘佛法又提倡"布施"，得天独厚者，力所能及者，广布施；"财布施者得钱财、法布施者得智慧、无畏布施者得福德"。这也符合《了凡四训》中所提倡的舍得之道——"舍财者作福"。那为什么布施出去反而会有收获呢？我想大概是"布施之道符合天之道"，它损有余在补不足，您富裕您懂得给贫苦之人布施，您有智慧您分享给谋事不得道者，这就是在替天行道。一个替天行道的人，天会让他不富裕吗？会让他没有智慧吗？我想肯定是不会的。

同理，企业也是社会的一分子，企业如何做大做强，做到基业长青，做到穿越周期——行"天之道"。这样的案例有很多：福耀玻璃、胖东来、鸿星尔克、娃哈哈、白象、新东方等。

亦同理，国家也是个体，一个大的个体而已，它的管理宗旨也必须符合天之道。写到此处，不禁想起社会主义的本质了，社会主义本质是"解放生产力，发展生产力，消灭剥削，消除两极分化，最终达到共同富裕"，社会主义最终的目的是全民达到

"共同富裕"，即行天之道。

中国的共同富裕如何实现？邓小平同志已经有了指引，允许一部分人先富起来，通过先富带后富，最终实现共同富裕。

最后回归到客户营销之道。我想起《孟子》的射箭哲学：仁者如射，射者正己而后发；发而不中，不怨胜己者，反求诸己而已。

引用华杉老师的语言来讲，射箭之道，揭露了做客户的本质。一切都在于您自己，和所谓的"竞争者"没什么关系。商业竞争，就是用各自的箭去射客户的心，您没中标，您不能怪别人射中了。那射中的人，一定是因为眼睛盯着客户，盯着标的，而不是盯着竞争者。他天下无敌，不是打败了所有敌人，而是心里、眼里都没有敌人，只有顾客。

用老子的话说：夫唯不争，故天下莫能与之争。

射箭，是自己立得稳、站得正、瞄得准、用力足、发出去，自然能中。如果自己没射中，不能去怪别人，反求诸己而已。

最后，创富路上咱们一起努力，愿诸君创富之路顺利，坚信中国的光明前途，坚持长期主义。

并且谨记：

"得天独厚者，替天行道。"

陈开发

2023.12.23